Weihnachten mit Wichtel

Willi Wirbelwind

Inhaltsverzeichnis

Wichtel Willi Wirbelwind

Hallo! Darf ich mich kurz vorstellen? Ich bin Wichtel Willi Wirbelwind. Man sagt, dieser Name würde gut zu mir passen. Das liegt wohl daran, dass ich manchmal ein bisschen ungestüm und tollpatschig bin. Aber dafür wird es mit mir auch nicht langweilig und meine Freunde und ich haben immer jede Menge Spaß. Wir wohnen im Wichtelwald, ganz in der Nähe des Weihnachtsdorfes. Und genau dorthin bin ich gerade unterwegs.

Ich weiß nicht, ob ihr es wisst, aber wir Wichtel reisen in der Vorweihnachtszeit in die Häuser der Menschen und sorgen dort für Weihnachtsstimmung. Natürlich gehen wir vorher viele Jahre in die Wichtelschule und lernen dort alles über die Menschen, die Weihnachtstradition, den Wichtelschabernack, über Plätzchen backen, Geschenke verpacken und vieles vieles mehr. Wenn wir dann gut ausgebildet sind, dürfen wir den Weihnachtszauber zu euch nach Hause bringen und mit euch die Adventszeit genießen. Ich stelle mir das ganz wunderbar vor und kann es kaum erwarten.

Ja, ihr habt richtig verstanden, ich selbst habe diese zauberhafte Tradition bisher noch nicht miterleben dürfen. Ich bin noch ein junger Wichtel und erst einhundertzwei Jahre alt.

WEIHNACHTSDORF

Ich habe bisher die Schulbank gedrückt und bin jetzt perfekt vorbereitet. Heute werden den Wichteln die Familien zugeteilt und ich bin ganz schön aufgeregt. Ob meine Familie wohl nett ist? Gibt es dort ein Kind oder vielleicht sogar zwei, drei oder vier Kinder? Vielleicht auch eine Katze oder einen Hund? Oh ja, ein Hund wäre fein, auf dem könnte ich umherreiten. Das wäre wunderbar.

Aber nun muss ich mich beeilen. Die Briefe mit den Namen der Familien werden gleich verteilt und ich bin spät dran. Gestern hat es geschneit und ich komme nur schwer voran. Der Schnee reicht mir bis über die Knie.

„Da kommt Willi Wirbelwind!“, ruft Smilla, meine Wichtelfreundin. Ich begrüße alle kurz und richte meine Aufmerksamkeit auf die kleine Bühne neben dem riesigen Tannenbaum. Dort steht ein Wichtel mit einem besonders langen Bart, der eine Schriftrolle in der Hand hält. Ich zittere vor Kälte. Oder vor Aufregung? Ich weiß es nicht. Auf jeden Fall bin ich mächtig gespannt.

Jetzt flüstert Tobi mir etwas zu. Ich muss mich anstrengen, um ihn zu verstehen, da sich inzwischen Hunderte Wichtel versammelt haben: „Willi, glaubst du wirklich, dass du eine Familie besuchen darfst, nach allem, was gestern passiert ist?“ Oh je, daran habe ich gar nicht mehr gedacht. Ob ich vielleicht heute wirklich leer ausgehe und die Weihnachtszeit im Wichtelwald verbringen muss? Dabei wollte ich doch nur besonders fleißig sein und alles noch einmal blitzblank putzen. Aber am besten erzähle ich euch alles von Anfang an.

Gestern war ich mit all meinen Aufgaben fertig. Mein Haus war aufgeräumt und frisch geputzt. Ich hatte mein Bett frisch bezogen und Feuerholz gesammelt. Wie ich so in meinem roten Sessel saß und einen Kakao schlürfte, dachte ich an die Adventszeit, die vor mir lag und wie sehr ich mir wünschte, endlich als Weihnachtswichtel eine nette Familie zu besuchen. Da dachte ich, dass meine Chancen auf den ersten Besuch in der Menschenwelt vielleicht noch besser stünden, wenn ich das Wunschlabor sauber machen würde. Dort hatten wir unsere letzten Unterrichtsstunden gehabt und es lag noch einiges herum.

Ich machte mich also auf den Weg ins Wichtellabor und polierte alle Gläser und Krüge, Reagenzgläser und Karaffen. Als ich beim letzten Glasgefäß angekommen war, musste ich ganz plötzlich niesen. Hatschiii! Kennt ihr Domino? Naja, auf jeden Fall kippte mir die Flasche um, traf auf die Nächste, die ebenfalls umfiel. Diese stieß gegen eine große Glaskaraffe, die wiederum eine ganze Reihe Reagenzgläser umwarf. Und so setzte sich die Kettenreaktion fort. Ihr könnt euch sicher vorstellen, wie das Wunschlabor aussah und bestimmt versteht ihr nun auch, warum ich mir Sorgen mache. Vielleicht bin ich ja doch noch nicht bereit dafür, ein richtiger Weihnachtswichtel zu sein?

Die Verkündung der Weihnachtswichtel

Plötzlich ist es mucksmäuschenstill und der Wichtel am Mikrofon richtet den Blick auf seine Schriftrolle. Neben ihm steht ein weiterer Wichtel mit einem großen Korb Briefe. In diesen Briefen steht alles, was die Wichtel über ihre Familie wissen müssen. Bitte, bitte, es muss dieses Jahr klappen. Ich muss einen Umschlag bekommen. Ich schließe meine Augen und drücke mir selbst fest die Daumen. Benedikt, der bärtige Wichtel, liest den ersten Wichtelnamen vor. Er ruft Alfred zu sich nach vorne. Die Wichtel jubeln Alfred zu und er flitzt fröhlich auf die Bühne, um seinen Briefumschlag abzuholen.

So werden noch viele weitere Namen aufgerufen, bis Benedikt schließlich das lange Papier zusammenrollt und sich zum Gehen wendet. „Hey, Moment mal!“, rufe ich aufgeregt. „Du hast mich vergessen.“ Aber Benedikt hört mich nicht. Er geht zu einem großen Kessel Früchtepunsch, der über dem Feuer hängt und lässt sich einen Krug damit füllen. Ich bin so enttäuscht, dass ich wie angewurzelt stehen bleibe. Ob es wirklich an dem Chaos liegt, das ich gestern angerichtet habe?

„Ach Willi, mach dir nichts draus“, sagt Tobi und klopft mir aufmunternd auf die Schulter. „Nächstes Jahr klappt es ganz bestimmt.“ Nun kommt auch Smilla zu mir, aber statt tröstender Worte sagt sie nur: „Du bist nun mal zu wild und zu tollpatschig, um ein richtiger

Wichtel zu sein. Du bist Willi Wirbelwind und daran wird sich auch nichts ändern." Richtig, ich bin Willi Wirbelwind und ich bin sehr wohl ein richtiger Wichtel, denke ich. Aber ich traue mich nicht, es laut zu sagen. Denn irgendwie hat Smilla vielleicht auch recht.

Gerade als ich mich umdrehe und nach Hause laufen will, höre ich Knut, den Wichtel mit dem leeren Briefe-Korb. Er ruft aufgeregt: „Benedikt, hier ist noch ein Brief. Ganz unten im Korb. „Ich habe ihn fast übersehen." „Ein Brief?", fragt der alte Wichtel überrascht und verschluckt sich fast an seinem heißen Punsch. „Das kann nicht sein", sagt Benedikt. „Ich habe alle Namen vorgelesen." Er rollt seine Schriftrolle erneut aus und studiert die Namen noch einmal besonders aufmerksam. „Da!", ruft er plötzlich und alle Wichtel zucken vor Schreck zusammen. „Hier steht noch ein Name. Ich muss ihn eben überlesen haben. „Willi Wirbelwind, komm zu mir nach vorne und hole deinen Briefumschlag ab!" Jetzt freue ich mich wie ein Honigkuchenpferd und laufe so schnell ich kann zu Knut. Die anderen Wichtel jubeln und freuen sich mit mir. Sie klatschen in die Hände und rufen meinen Namen. Das ist der schönste Tag in meinem Leben!

Ich bin so glücklich, dass ich den Moment voll und ganz genießen möchte. Ich schnappe meinen Umschlag und laufe nach Hause. Hier kann ich mir ganz in Ruhe anschauen, welche Familie für mich bestimmt ist. Ich ziehe meine nassen Stiefel aus und schlüpfe in meine flauschigen Pantoffeln. Nun zünde ich noch schnell das Kaminfeuer an und setze mich gespannt an den Tisch, auf dem der goldene Brief liegt. Soll ich ihn öffnen?

Willi

Aber natürlich! Ich reiße den Brief ungeduldig auf und lese:

Lieber Willi Wirbelwind,

dein erster Besuch als Weihnachtswichtel führt dich zu Familie Lustig. Du bist zuständig für die magische Weihnachtsstimmung im Haus. Du wirst bei den Menschen für den Zauber der Weihnacht sorgen und sie mit deinem Schabernack zum Lachen bringen. Familie Lustig, das sind Papa Holger, Mutter Melanie und die Kinder Hannah und Max. Hannah ist sechs Jahre alt, sie geht schon zur Schule, liebt Pferde und spielt Tennis. Max ist vier Jahre alt und geht in den Kindergarten. Er ist in der Mäusegruppe. Er mag Dinosaurier und malt gerne.

Die Familie lebt in einem kleinen Haus auf dem Land und hatte bisher noch nie einen Wichtel zu Besuch. Die Kinder haben aber schon viel über Weihnachtswichtel gehört und freuen sich ganz besonders auf viele Wichtelspäße. Da bist du doch genau der Richtige. Oder was meinst du, Willi?

Du wirst wissen, wann es losgeht. Gib dein Bestes!

Gezeichnet

Oberwichtel Benedikt

Oh, wie wunderbar. Familie Lustig, das klingt toll. Hoffentlich sind sie so gut gelaunt, wie ihr Nachname es verspricht. Aber was bedeutet „Du wirst wissen, wann es losgeht“? Das klingt richtig rätselhaft. Mein Freund Tobi hat bereits zweimal als Weihnachtswichtel bei einer Familie gelebt, er kennt sich aus. Ich muss sofort zu ihm.

Das Abenteuer beginnt

Ich stürme zur Tür hinaus und bemerke schnell, dass ich noch meine Hausschuhe trage. Vor lauter Aufregung habe ich vergessen, meine Schuhe zu wechseln. Ich überlege kurz umzukehren, aber meine Füße sind sowieso schon pitschnass. Ich entscheide mich daher weiterzulaufen.

Tobi wohnt nur ein paar Türen weiter. Seine Wichtelwohnung befindet sich nicht wie die anderen in einem kleinen Hügel oder einem Baumstamm. Tobis Wohnung befindet sich in einem Pilz. Die Eingangstür ist im Stiel eingebaut und über eine Wendeltreppe kann man hinaufsteigen. Dort hat sich Tobi im Hut des Pilzes ein gemütliches Zimmer eingerichtet.

Ich klopfe an die Tür, bin aber viel zu ungeduldig, um darauf zu warten, dass mir geöffnet wird. Ich stürze durch die unverschlossene Tür hindurch und flitze die Treppe hinauf. Oh, alles dreht sich. Mir ist ein bisschen schwindelig von der schmalen Wendeltreppe. Aber nun bin ich oben angekommen und schaue in ein erstauntes Gesicht. „Was machst du denn?“, fragt Tobi und schaut auf meine nassen Füße, unter denen sich kleine Pfützen gebildet haben. „Wann geht es los?“, frage ich, ohne ihm zu antworten. „Wann darf ich mich endlich auf den Weg zu meiner Familie machen?“ Tobi seufzt und bittet mich erst einmal Platz zu nehmen und durchzuatmen.

Ich setze mich auf ein kuscheliges Kissen vor den Kamin und bemerke erst jetzt, wie kalt es mir auf dem kurzen Weg durch den Schnee geworden ist. Auch Tobi bemerkt mein Zittern und meine rote Nase und bringt mir eine Decke und einen heißen Kakao.

Dann setzt er sich zu mir und erklärt: „Du musst unbedingt ruhiger werden, Willi. Wenn es so weit ist, wirst du es wissen.“ Tobi hat gut reden, denke ich. Er ist schließlich auch kein Weihnachtswichtelneuling, so wie ich. „Warst du denn gar nicht nervös in deinem ersten Jahr?“, frage ich ungläubig. Tobi überlegt. Anscheinend schwelgt er in Erinnerungen, denn er lächelt und gibt dann zu: „Doch, natürlich. Ich war furchtbar aufgeregt.“ Wir müssen beide laut lachen und stoßen mit unseren Kakaotassen an. „Und wann geht es nun los?“, möchte ich jetzt endlich wissen. „Das kann ich dir nicht sagen“, antwortet Tobi. „Es ist von Jahr zu Jahr, von Wichtel zu Wichtel und von Familie zu Familie unterschiedlich.“

Wir erzählen noch eine ganze Weile, trinken Kakao und naschen Plätzchen, bis ich mich auf den Heimweg mache. Tobi leiht mir ein Paar Stiefel, damit mir nicht schon wieder die Füße einfrieren. Er ist ein toller Wichtelfreund, auf den ich immer zählen kann. Aber so ganz verstehe ich nicht, was er mir da eben erzählt hat. Wie soll ich denn bitte schön merken, wann es losgeht? Und warum sollte das so unterschiedlich sein? Es gibt ja für alles eine Gebrauchsanleitung. Da gibt es doch auch sicher eine für Weihnachtswichtel.

Zu Hause angekommen, fühle ich mich mit einem Mal ganz furchtbar müde. Heute war ein anstrengender Tag. Wir haben in der Weihnachtswerkstatt Geschenkpapier bedruckt. Riesige Papierbahnen haben wir mit Weihnachtsbäumen, Sternen und Rentieren verziert. Danach fand die aufregende Verkündung statt und dann hatte ich auch noch meinem Freund Tobi einen Besuch abgestattet. Ich gähne und mir fallen fast die Augen zu. Im Schneckentempo schleiche ich ins Badezimmer. Ich schaffe es gerade noch, meine Zähne zu putzen und eine kurze Katzenwäsche zu machen. Dann lasse ich mich erschöpft in mein Bett fallen und ziehe mir die Decke bis zum Kinn.

Ich schnarche schon, bevor meine Augen geschlossen sind und träume von Familie Lustig. Ich sehe Papa Lustig und Mama Lustig und ich kann auch die beiden wunderbaren Kinder ganz deutlich erkennen. Die vier zünden eine Kerze an. Das Licht des Feuers flackert.

Plötzlich schrecke ich hoch. Nicht aus Angst, sondern aus purer Aufregung und Vorfreude. Jetzt geht es los. Ich spüre es plötzlich ganz deutlich. Familie Lustig ist bereit für ihren Wichtel, und ich bin es auch. Ich springe aus dem Bett und falle über meine Hausschuhe, die immer noch feucht sind. Ich rapple mich wieder auf und mache schnell ein wärmendes Feuer in meinem Kamin. Die nassen Schuhe stelle ich direkt davor, damit sie trocknen, denn ich möchte sie in meinen Reisekoffer packen.

Doch bevor ich Koffer und Kisten für die nächsten Wochen befülle, muss ich mich kurz etwas genauer bei meinen Menschen umsehen. Ich werde bei Familie Lustig hinter einer Wichteltür, direkt oberhalb der Fußleiste wohnen. Den Platz dafür konnte ich in meinem Traum bereits ganz genau erkennen. Ich werde mich im Wohnzimmer der Familie niederlassen, direkt neben dem steinernen Kamin. Ich kann euch gar nicht sagen, wie aufgeregt ich bin. Habt ihr euch auch schon einmal so sehr auf etwas gefreut?

Eine zauberhafte Wichtelbaustelle

Ihr fragt euch sicher, wo ich mich gerade rumtreibe. Ich schleiche vorsichtig durch das dunkle Wohnzimmer von meiner Gastfamilie Lustig. Nach meinem wunderschönen Traum war ich einfach so neugierig, dass ich mich sofort persönlich umschauen wollte. Ich sehe den Kamin und daneben ein Windlicht. Im warmen Kerzenschein wird der Platz, an dem ich die nächsten Wochen leben möchte, hell erleuchtet. Meine Familie wartet auf mich, das spüre ich ganz deutlich.

Mein kleines Herz klopft, als ich vor der Wand stehe und den Platz für meine Wichteltür betrachte. Ich kann es nicht erwarten, hier einzuziehen, aber ich habe noch nicht alles gepackt und vorbereitet. Deshalb begnüge ich mich erst mal damit, mein neues Reich zu markieren und mit ersten kleinen Bauarbeiten zu beginnen. Dort, wo die Tür einmal sein soll, spanne ich ein schwarz-gelbes Absperrband. So sollten doch alle Mitglieder der Familie erkennen können, dass hier bald jemand einzieht. Und zwar nicht irgendjemand. Hier wohnt bald der wunderbare, wuselige Wichtel Willi Wirbelwind.

Ich würde gerne schon mal meinen Namen an die Wand schreiben, bin aber nicht sicher, ob ich das darf. Schließlich wohne ich hier nur in der Vorweihnachtszeit. Nach Weihnachten verschwinde ich wieder und darf natürlich keine verschmutzte Tapete hinterlassen. Am besten schaue ich mal nach, was ich sonst noch so alles mitgebracht habe. Da sind noch ein Besen und ein Kehrblech, mein Werkzeugkoffer, noch mehr Absperrband ... und mein Zauberpulver. Ich schütte das Fläschchen aus und forme aus dem glitzernden Pulver ein W. Wunderschön, denke ich beim Anblick dieses wunderbaren Buchstabens.

STOP

Doch dann höre ich plötzlich ein Geräusch. In Windeseile springe ich mit einem gekonnten Hechtsprung hinter die Couch und schaue vorsichtig nach, ob jemand das Wohnzimmer betritt. War ich nicht leise genug? Tatsächlich schleicht ein haariges Ungeheuer auf vier Pfoten herein. Oh nein, eine Katze. Über diese Stubentiger habe ich schon viel gehört. Sie sind neugierig und im Vergleich zu einem Wichtel riesengroß. Sie stecken ihre Nasen in unsere Wichtelangelegenheiten und schlafen in der Nacht nicht so tief wie die Menschen. Da werde ich wohl besonders gut aufpassen müssen, damit mich dieses Fellknäuel nicht mit einer Maus verwechselt und am Ende noch durchs ganze Haus jagt.

Wenn es schon ein Haustier sein muss, dann hätte ich mir eigentlich einen Hund gewünscht. Ich möchte schon immer mal auf einem reiten. Aber vielleicht geht das mit einer Katze ja auch? Was meint ihr? Wenn ich mir die Samtpfote so anschaue, könnte ich es mir eventuell vorstellen. Zum Glück müssen wir Wichtel bei den Haustieren nicht darauf achten, unbemerkt zu bleiben. Anders als bei den Menschen dürfen uns die tierischen Mitbewohner nämlich zu Gesicht bekommen. Vielleicht findet ihr das unfair, aber so ist es nun mal und so wird es auch bleiben. Denn das macht uns Wichtel für die Menschen so besonders. Wir machen uns mit lustigen Streichen bemerkbar und schreiben Briefe, aber sehen könnt ihr uns nicht. Man munkelt, dass wir sonst unsere Zauberkräfte verlieren. Und das wollen wir doch nicht, oder? Daher kommen wir immer nur nachts hinter unserer Wichteltür hervor und sind dabei besonders vorsichtig. Wir passen ganz genau auf, dass keiner schaut.

Nein! Was macht das Katzentier denn da? Sie schnuppert neugierig an meinen Sachen und beginnt das wunderschöne W aufzuschlecken. „Hey! Stopp!", rufe ich, aber dann halte ich mir schnell die Hand vor den Mund. Die Katze soll nicht auf mich aufmerksam werden. Doch zu spät. Sie hat mich bemerkt und schaut in meine Richtung. Um ihren Mund glitzert und funkelt das Zauberpulver. Ich muss kichern. Zum Essen war es eigentlich nicht gedacht.

Ein letzter Blick auf mein neues Reich und dann muss ich zusehen, dass ich hier verschwinde. Auch wenn das hübsche W nun nicht mehr zu erkennen ist, bin ich zufrieden mit meiner kleinen Wichtelbaustelle. Nicht mehr lange und ich werde mit Sack und Pack herkommen.

Die glitzernde Weihnachtskatze

Ich habe völlig die Zeit vergessen. Gerade als ich aus der Wohnung von Familie Lustig verschwinden möchte, höre ich erneut jemanden im Flur, direkt vor dem Wohnzimmer. Eigentlich sollte ich mich jetzt schleunigst aus dem Staub machen, aber leider bin ich ein furchtbar neugieriger Weihnachtswichtel. Ist doch auch klar, oder? Ich bin schließlich zum ersten Mal zu Besuch in der Menschenwelt. Also verstecke ich mich wieder so gut ich kann. Diesmal stehe ich mucksmäuschenstill hinter der Gardine und hoffe, dass man meine Umrisse nicht erkennen kann.

„Hannah!", schreit Max, als er ins Wohnzimmer schaut. „Unser Wichtelrufer hat funktioniert!" Papa Lustig trottet müde hinter seinem Sohn her und wundert sich: „Wichtelwas?", gähnt er und hält sich verschlafen die Hand vor den Mund. Sein Anblick macht mich auch ganz müde. Nun stürmt Hannah an ihm vorbei und traut ihren Augen kaum. Sie erklärt ihrem Vater: „Wir haben gestern eine Kerze angezündet, damit unser Wichtel den Weg zu uns findet." Papa Lustig gähnt noch einmal und macht sich auf den Weg in die Küche. Er braucht wohl erst mal eine Tasse Kaffee. Bei Max und Hannah ist die Müdigkeit schlagartig verflogen. Sie hüpfen vor lauter Vorfreude im Kreis herum und hören erst auf, als sie Minka sehen. Dann prusten sie los vor Lachen und Hannah ruft: „Mama, Papa, der Wichtel hat uns wohl schon seinen ersten Streich gespielt! Minka glitzert und funkelt im Gesicht wie eine festliche Weihnachtskatze!"

Ich muss auch mit lachen, denn die Fröhlichkeit der Kinder ist ansteckend. Ich denke gar nicht mehr daran, dass ich unentdeckt bleiben muss und mich ganz still verhalten sollte. Ich liege auf dem Rücken und halte mir vor Lachen den Bauch, dabei bewege ich versehentlich den Vorhang.

Doch dann erschrecke ich mich plötzlich ganz furchtbar. Ich bin entdeckt worden, denke ich beunruhigt. Jemand ist direkt hinter der Gardine. Nur wer? Ich höre die Kinder immer noch lachen, und dieses herrliche Gelächter ist mindestens ein oder zwei Meter entfernt. Wer steht also vor mir?

Da erkenne ich die weiße Pfote von Minka, die verspielt den Vorhang zur Seite schiebt und hineinbeißt. Der Stubentiger hat mich aufgespürt. Dann krallt Minka sich fest und zieht einen Faden aus dem Stoff der Gardine. Habe ich da zwischen dem flauschigen Fell etwa Krallen aufblitzen sehen? Jetzt aber nichts wie weg hier.

Zurück im Wichtelwald bemerke ich erst einmal, wie furchtbar müde ich bin. Eigentlich knurrt mein Bauch vor Hunger, aber ich bin zu erschöpft, um mir noch etwas zu Essen zu kochen. Außerdem habe ich die Feuerstelle schon sauber gemacht, da ich sie in nächster Zeit nicht brauchen werde. Deshalb müssen heute ein paar Plätzchen reichen, die ich mit einer großen Tasse Schokoladenmilch herunterspüle. Ich bin ein echtes Schleckermäulchen und liebe Kakao und Kekse.

Mein kuscheliges Bettchen ruft nach mir. Ich lege mich erst mal ein Stündchen hin und werde dann später die restlichen Sachen zusammenpacken. Ein bisschen aufräumen muss ich auch noch. Räumt ihr gerne auf? Also ich nicht. Aber was sein muss, muss sein. Wisst ihr, was ich immer tue, wenn ich mich mal so gar nicht aufraffen kann? Dann schalte ich mir Musik an und das Aufräumen läuft wie von selbst. Aber nun tanze ich erst einmal ins Land der Träume. Wenn ich dann später mit allem fertig bin, fege ich noch mal durch mein gemütliches Wichtelheim und sperre die Tür hinter mir zu. Dann geht es los und ich stürze mich in mein Weihnachtsabenteuer. Kommt ihr mit?

Der langersehnte Einzug

Puh, ich kann euch sagen, ich bin fix und fertig. Ich habe im Wichteldorf alles blitzeblank geputzt und auch noch schnell mein Bett abgezogen. Anschließend habe ich mich von meinen Wichtelfreunden verabschiedet, obwohl ich sie natürlich weiterhin bei der Arbeit im Weihnachtsdorf treffen werde. Tobi hat mich bei der Gelegenheit noch daran erinnert, mein Briefpapier mitzunehmen, damit ich darauf Briefe für meine Familie schreiben kann. Wie gut, dass ich einen Freund wie Tobi habe.

Jetzt bin ich mit all meinen Koffern und Kisten bei Familie Lustig eingezogen. Die werden Augen machen, wenn sie am Morgen meine wunderschöne Wichteltür entdecken. Sie ist aus braunem Holz und ich habe einen ganz besonders schönen Türkranz daran befestigt. Ich möchte schließlich von Anfang an für eine weihnachtliche Stimmung sorgen. Der Kranz ist aus Tannenzweigen gefertigt und ich habe ihn mit einem wunderschönen Schleifenband dekoriert. Gefällt er euch?

Wichtel lieben Weihnachtsdeko. Und deshalb bin ich auch noch nicht fertig mit meiner neuen Wohnung. Ich möchte noch eine Lichterkette über meinem Kamin anbringen, aber mir fehlt eine Leiter. Da kommt mir eine Idee. Ich könnte meine Bücher aufeinanderstapeln. Ich habe ein paar Märchen- und Geschichtenbücher dabei, denn ich lese für mein Leben gerne.

W

Auch Koch- und Backbücher stehen in meinem Regal, die sind besonders dick und gut als Bücherleiter zu gebrauchen. Eins, zwei, drei, vier Bücher habe ich nun aufeinandergelegt. Es ist ein hübscher Turm geworden, aber so reicht es noch nicht. Meinen Putzeimer könnte ich noch daraufstellen. Perfekt! Nun brauche ich nur noch einen Hammer und ein paar Nägel und meine Lichterkette natürlich. Und schon kann es losgehen.

Ich klettere an meinem Turm hoch und gerate direkt ins Wanken. Hilfe! Es gibt einen lauten Rumms und ich liege - eingewickelt in meine Lichterkette - auf dem Boden. Da war meine Bücher-Eimer-Leiter wohl doch nicht stabil genug.

Ich brauche geschlagene zehn Minuten, um mich aus dem Wirrwarr zu befreien. Dabei strample und zapple ich so sehr, dass ich mit dem Fuß gegen ein Tischbein stoße und mein liebster Kakaobecher herunterfällt. Zum Glück kann ich ihn im letzten Moment noch auffangen und verhindern, dass er in tausend Stücke zerbricht. Wie ihr schon mitbekommen habt, kann ich ganz schön tollpatschig sein. Aber als ich gerade mit einer Hand meine Tasse aufgefangen habe, das war wirklich zirkusreif. Das hätten meine Wichtelfreunde sehen sollen. Sie wären aus dem Staunen nicht herausgekommen.

Nun lausche ich aufmerksam, ob sich draußen etwas regt. Ich hoffe, mein Sturz war nicht zu laut und niemand hat das Rumpeln hinter der Wichteltür gehört. Ich öffne leise die Tür und spähe vorsichtig durch einen kleinen Spalt. Was ist das? Ich schaue direkt in ein riesiges Auge und mache einen erschrockenen Satz nach hinten. Aua! Ich bin unsanft auf meinem Wichtelpo gelandet. Die Tür ist immer noch leicht geöffnet und nun erkenne ich auch, wer mich da anstarrt. Da steht schon wieder dieses neugierige Katzentier und steckt die Nase fast in mein Wohnzimmer.

Nein, nein, nein, du kommst hier nicht rein. Mit aller Kraft drücke ich die Tür zu. Minka muss draußen bleiben. Ich muss mir dringend ein paar Katzenleckerchen im Weihnachtsdorf besorgen, damit ich die Katze weglocken kann, wenn ich aus meiner Tür hinausschlüpfen möchte. Oder ein Zauberpulver, das Katzen fernhält. Das wäre auch nicht schlecht. Bevor meine Familie aufwacht, muss ich mich jetzt erst mal dringend von den Strapazen erholen.

Die Lichterkette kann warten, ich habe keine Lust, noch einmal zu fallen. Mein Po tut jetzt noch weh. Ich entfache ein Feuerchen im Kamin und gieße Milch und Kakaopulver in einen Kessel. Hmm, wie das duftet. Jetzt fühle ich mich direkt wie zu Hause. Ich setze mich in meinen großen, roten Sessel und genieße den heißen Kakao. Nun muss ich mich aber sputen, ich möchte noch einen Brief für die Lustigs schreiben. Sie sollen schließlich wissen, dass ich hier eingezogen bin und ein bisschen über mich erfahren. Ich kann es kaum erwarten, dass die Schlafmützen endlich aufwachen.

Die magische Wichteltür erscheint

Pssst! Ich stehe gespannt hinter der Wichteltür und drücke mein Ohr ganz fest dagegen. Ich habe einen netten Willkommensbrief bereitgelegt und warte nun darauf, dass die Kinder endlich aufstehen. Aber in der Wohnung von Familie Lustig ist bis jetzt noch alles mucksmäuschenstill.

Habe ich da eine Tür gehört? Ich versuche, mich noch etwas dichter gegen die Holztür zu lehnen. Oh ja, ich höre es jetzt ganz deutlich, meine Familie ist erwacht. Nun muss ich ganz konzentriert lauschen, um mitzubekommen, was da draußen passiert. Diesmal ist Hannah als Erste im Wohnzimmer. Sie ruft voller Freude: „Sie ist da! Die Wichteltür ist da!" Sollte hier noch jemand geschlafen haben, so ist er spätestens jetzt wach. Und schon kommen auch die anderen drei herbeigeeilt. „Da liegt ein Brief", bemerkt Max sofort. „Kannst du uns den jetzt vorlesen, Mama?"

Nun höre ich, wie Mama Lustig mit ihrer freundlichen und warmen Stimme den Brief vorliest, den ich eben für meine Familie geschrieben habe. Die Kinder hören gespannt zu und lachen, als sie meinen Namen hören. „Willi Wirbelwind", wiederholt Papa Lustig amüsiert. „Na, das kann ja heiter werden. Ich dachte eigentlich, dass zwei Wirbelwinde im Haus genug seien." Er schaut seine beiden Kinder an und alle müssen lachen.

Hannah ist ganz aufgeregt und betrachtet interessiert die Wichteltür und den wunderschönen Tannenkranz. Dann flüstert sie etwas und ich kann es kaum verstehen: „Müssen wir jetzt leise sein, weil Willi schläft?" Hannahs Mutter ist sich nicht sicher. Aber nein, denke ich. Ich möchte doch etwas von eurem Leben auf der anderen Seite der Tür mitbekommen. Ich möchte euer Lachen hören und miterleben, wenn ihr spielt und singt. Bitte nicht flüstern und nicht leise sein, sonst habe ich heute Abend ein ganz rotes Ohr, weil ich den ganzen Tag an der Tür lauschen muss. All das denke ich nur, denn wir Wichtel sprechen natürlich nicht mit den Menschen. Deshalb mache mich sogleich daran, einen weiteren Brief zu schreiben.

W

Hallöchen meine liebe Familie,

ich habe inzwischen alle meine Kartons und Koffer ausgepackt, mein Bett frisch bezogen und sogar die Lichterkette über dem Kamin mit Mühe und Not angebracht. Ich fühle mich pudelwohl bei euch.

Wie ihr wisst, bin ich hier, um weihnachtliche Stimmung zu verbreiten und vielleicht auch hier und da etwas Schabernack zu treiben. Wir Weihnachtswichtel sind bekannt für lustige Späße. Wartet es nur ab! Ich werde die Zeit bei euch außerdem dazu nutzen, mich von der vielen Arbeit im Weihnachtsdorf zu erholen. Dort helfe ich nämlich fleißig jede Nacht dabei, alles für das Weihnachtsfest vorzubereiten. In der Weihnachtswerkstatt bauen wir eifrig Spielzeuge, nähen Kuscheltiere, packen Päckchen und vieles mehr. In der Adventszeit arbeiten wir Wichtel dort auf Hochtouren.

Wenn ich dann gegen Morgen wieder bei euch hinter die Wichteltür schlüpfe, kann ich mich hier herrlich entspannen. Dann lege ich mich in mein kuscheliges Bett oder setze mich mit meiner warmen Decke in den gemütlichen Sessel. Ich mache ein Feuer im Kamin und lausche, was ihr da draußen treibt. Das ist für mich die allerschönste Erholung. Also, bitte seid nicht leise, ich freue mich, an eurem Leben teilzuhaben.

Tschö mit Ö, Euer Willi Wirbelwind

In diesem Sinne werde ich nun ein Nickerchen machen, denn der Umzug und die ganze Aufregung stecken mir noch in den Knochen. Ich ziehe meine Decke bis zum Kinn hinauf und höre noch mit einem Ohr auf das fröhliche Gemurmel meiner Familie auf der anderen Seite der Tür und bin schon eingedöst. Gute Nacht!

Es regnet Puzzleteile

Ich habe schon erwähnt, dass ich jetzt, in der Vorweihnachtszeit, fleißig in der Wichtelwerkstatt mit anpacken muss. Wir Wichtel unterstützen hier das Christkind und den Weihnachtsmann, die ohne unsere Hilfe hoffnungslos überfordert wären. Schließlich möchten sie an Heiligabend alle Kinder beschenken und das ist eine große Herausforderung. Damit alles reibungslos funktioniert, arbeiten wir Hand in Hand. Heute verpacken wir jede Menge Geschenke. Ich möchte gerade ein schönes Puzzle mit einem Weihnachtsmotiv verpacken, als ich über ein ferngesteuertes Auto stolpere, das meine Freundin Tilda gerade verpacken möchte.

„Oh, Willi, das tut mir leid", sagt Tilda und zieht mich am Arm hoch, damit ich wieder auf die Beine komme. „Hast du dir weh getan?", fragt sie und schaut auf das Chaos, das ich angerichtet habe. Ich kann Tilda beruhigen, mir geht es gut, aber der Karton mit dem Puzzle ist aufgegangen und 1000 Puzzleteile haben sich in der Wichtelwerkstatt verteilt. Sofort kommen noch ein paar andere Wichtel herbeigeeilt und wir sammeln mit vereinten Kräften die Teile wieder auf. Dabei krabbeln wir über den Boden und unter die Tische und schauen unter alle Kisten und Päckchen, die um uns herumstehen. Schon nach fünf Minuten sind wir uns einig, dass nun alle Puzzleteile wieder im Karton sind. Oder doch nicht?

Als alle anderen längst wieder an ihre Arbeit gegangen sind, zögere ich immer noch, das Puzzle zu verpacken. Was, wenn doch ein Teil fehlt? Das wäre doch furchtbar. Ich stelle mir vor, wie ein Kind viele Stunden puzzelt und am Ende traurig feststellt, dass das letzte Puzzleteil verschwunden ist. Das darf auf keinen Fall passieren. Ich lasse meine Arbeit erst einmal liegen und trage das Puzzle nach nebenan ins Kaminzimmer. Ich muss die Teile zusammensetzen, um zu prüfen, ob das Puzzle vollständig ist. Nach einer Weile steckt Tilda den Kopf durch die Tür und reicht mir einen heißen Kakao. Sie hat ein schlechtes Gewissen. Aber warum denn, denke ich. Ich trinke Kakao, sitze am wärmenden Feuer und puzzle. Ich kann mir gerade nichts Schöneres vorstellen.

Ich vergesse völlig die Zeit. Als ich das letzte Puzzleteil einsetze, wird es draußen bereits hell. Ich bin zufrieden. Jedes Teil ist an Ort und Stelle. In Windeseile rupfe ich das Puzzle wieder auseinander und packe die Einzelteile in den Karton. Jetzt merke ich plötzlich, wie müde ich bin. Ich muss mich beeilen, damit ich schnell nach Hause hinter meine Wichteltür komme. Das Puzzle werde ich später verpacken.

Bei den Lustigs angekommen, freue ich mich immer noch über die schönen Stunden, die hinter mir liegen. Das Puzzeln hat mir großen Spaß gemacht. Wäre das nicht auch etwas für Max und Hannah? Schnell flitze ich ins Kinderzimmer und ziehe ein Puzzle mit möglichst vielen Teilen aus dem Spielestapel. Mit all meiner Kraft ziehe ich es mitten in den Flur und schütte alle Teile aus. Das ist lustig. Ich tanze durch die Puzzleteile und werfe sie hoch in die Luft. „Viel Spaß beim Puzzeln", kichere ich und laufe ins Wohnzimmer zu meiner Wichteltür.

Kaum habe ich meine gemütliche Wohnung erreicht, lasse ich mich auch gleich auf mein Bettchen plumpsen. Ich ziehe meine Stiefel aus und beschließe, mich erst mal ein wenig auszuruhen. Ein kurzes Schläfchen kann ich jetzt gut gebrauchen. Das Wort Schläfchen erinnert mich an Schäfchen und ich döse langsam ein, während ich zähle: 1 ... 2 ... 3 ...

Ein verrücktes Frühstück

Kaum bin ich eingeschlafen, werde ich auch schon wieder von einem Geräusch geweckt. Ihr müsst wissen, dass ich, selbst wenn ich schlafe und hinter meiner Wichteltür versteckt bin, immer alles mitbekomme. Das liegt an meinen guten Ohren, meiner hervorragenden Aufmerksamkeit und meiner unbändigen Neugier. Na gut, ein klitzekleines bisschen Magie ist auch mit dabei. Auf jeden Fall entgeht mir nichts. Ich lausche angestrengt und ein breites Grinsen erscheint in meinem Gesicht.

Ich höre Papa Lustig schimpfen: „Aua! Was soll das denn? Wer hat die Puzzleteile hier verstreut?" Wie jeden Morgen ist Holger Lustig barfuß auf dem Weg ins Badezimmer. Aber heute ist er direkt in das Puzzle hineingelaufen, das in seinen siebenhundertfünfzig Einzelteilen auf dem Fußboden, direkt vor der Tür zum Bad, liegt. „Hannah, Max, räumt das sofort auf!", ruft er aufgebracht.

Verschlafen erscheinen nun auch die restlichen Familienmitglieder in dem kleinen Flur. „Wir waren das nicht!", beteuert Max sofort. „Das war Willi!", ruft Hannah. „Sicher möchte er, dass wir das zusammenpuzzeln." Recht hat das Mädchen. Habe ich nicht eine clevere Familie? Schnell sammeln die Kinder alle Puzzleteile auf und räumen sie zurück in den Karton. Nach dem Zähneputzen setzen sich die Geschwister an den Esstisch und beginnen das Bild zusammenzusetzen. Das habe ich doch hervorragend hinbekommen, oder?

Mama Lustig deckt den Frühstückstisch heute in der Küche, da der Esstisch im Wohnzimmer nun erst mal nicht zum Essen genutzt werden kann. Papa Lustig kommt aus dem Badezimmer und schaltet Weihnachtslieder an. Das liebe ich am Advent. Alles geht gemütlich zu. Die Kinder sind beschäftigt, die Eltern sind glücklich und der Wichtel ist hochzufrieden mit sich und der Welt. Ich klopfe mir anerkennend auf die Schulter und springe fröhlich aus dem Bett. Draußen bei meiner Familie gibt es gleich Frühstück und ich möchte mir auch etwas zu Essen zubereiten.

Ich krame in meinem Küchenschrank nach einer Pfanne und stelle sie auf den Herd. Jetzt schlage ich ein Ei hinein, denn es gibt heute Spiegelei. In der Zwischenzeit röste ich eine Scheibe Brot im Toaster. Es riecht schon herrlich und bereits nach wenigen Minuten steht mein Wichtelfrühstück auf dem Tisch. Fast hätte ich meinen Früchtetee vergessen, der darf nicht fehlen. Dann hole ich noch schnell Salz für das Spiegelei und Zucker für den Tee.

Zufrieden setze ich mich an den Tisch und nehme vorsichtig einen Schluck aus der heißen Teetasse. Igitt, Pfui, Spinne, was ist denn das? Prustend spucke ich den Tee quer über den Tisch. Ich habe versehentlich Salz in den Tee gegeben. Ich schiebe die Tasse ganz weit weg von mir. Dieses Gebräu werde ich nicht trinken. Dafür ziehe ich den Teller zu mir heran und mache mich über das dampfende Spiegelei her. Bäh! Das darf doch wohl nicht wahr sein. Hier ist also der Zucker gelandet. Ich will den Teller gerade zum Salztee rüberschie-

ben, als ich bemerke, dass das süße Spiegelei gar nicht mal so übel schmeckt. Ich verputze es bis zum letzten Krümel und bin satt und zufrieden.

Nach dem Essen schaue ich mich in meinem Zimmer um und stelle fest, dass mir über dem Bett ein Bild fehlt. Dort ist nur die kahle Wand zu sehen. Das gefällt mir nicht. Sicher können Max und Hannah mir etwas Schönes malen. Ich werde sie in meinem nächsten Brief darum bitten.

Ein fruchtiger Schabernack

Mein Brief an Hannah und Max liegt vor der Wichteltür und ich erhole mich von meiner anstrengenden Nacht im Weihnachtsdorf. Wir haben Hunderte Rollen Geschenkpapier hergestellt. Das mache ich besonders gerne. Dabei wird das Papier bedruckt und bunt bemalt und am Ende sind wir Wichtel von oben bis unten voll mit Farbe. Aber das Ergebnis kann sich sehen lassen.

Ich höre die Kinder vor der Tür. Sie lesen meinen Brief und möchten sofort mit dem Malen beginnen. Das freut mich. Ich werde die Kunstwerke von Max und Hannah über meinem Bett aufhängen. Dann ist die Wand nicht mehr so kahl und es zieht etwas Farbe in mein Zimmer ein. Ich finde es besonders schön und gemütlich, wenn ich selbstgemalte Bilder an der Wand hängen habe. Wenn ich Zeit habe, bastle und zeichne ich übrigens auch sehr gerne.

Oh, was höre ich denn da? Es raschelt draußen und Max sagt: „Hier, Willi, wir legen dir die Bilder vor deine Tür. Pass auf, sie sind noch nicht ganz trocken.“ Oh, wie fein, denke ich. Da liegen nun also die Gemälde vor meiner Tür. Sie sind zum Greifen nah, aber ich kann sie nicht ansehen. Ungeduldig laufe ich vor meinem Bett auf und ab. Sobald sich mir die Gelegenheit bietet, werde ich die Tür einen Spalt öffnen und die Bilder schnell hereinholen. Ihr wisst, Geduld ist nicht gerade meine Stärke.

Plötzlich wird es laut im Wohnzimmer. Die Kinder rufen ganz aufgeregt nach ihren Eltern. Was ist denn da los? Ach so, es schneit! Wie wunderbar. Max und Hannah sind völlig aus dem Häuschen. „Wo sind die Handschuhe?", fragt Max. „Die brauche ich für eine Schneeballschlacht. Nimm dich in Acht vor mir, Hannah!" Doch Hannah möchte gar keine Schneeballschlacht machen. Sie ruft nach Papa Holger: „Papa, holst du mir den Schlitten aus dem Keller?" Alle vier ziehen sich warm an, schnappen sich den Schlitten, den Holger Lustig gerade hochgetragen hat, und stürmen nach draußen. Die Tür fällt ins Schloss und es ist mucksmäuschenstill.

Ein bisschen wundern muss ich mich schon, dass ein paar Schneeflocken hier für so viel Wirbel sorgen. Da müsste meine Familie mal sehen, wie es im Weihnachtsdorf aussieht. Ich fürchte, da würden die Lustigs völlig ausflippen. Mir soll es jedoch recht sein, denn ich öffne jetzt meine Tür und schaue mir die Gemälde an. Wunderschön! Max und Hannah haben sich große Mühe gegeben und besonders farbenfrohe Bilder für mich gemalt. Ich möchte sie mit Klebeband an der Wand befestigen, aber ich habe keins mehr.

Also schlüpfe ich erneut aus meiner Wichteltür hinaus und flitze in die Küche. Dort gibt es eine Schublade mit allem möglichen Zeugs darin. Bestimmt kann ich hier Klebeband finden. Ah ja, da ist es schon. Und ein dicker schwarzer Filzstift liegt auch hier. Der ist so groß, ich kann ihn kaum tragen. Was könnte ich denn damit anfangen? Ich schaue mich in der Küche um und mein Blick fällt auf die Obstschale. Die Äpfel und Mandarinen wirken so traurig. Sie lachen gar nicht. Das kann ich ändern. Ich klettere am Rand der Schüssel hoch und male jedem Obst ein lustiges Gesicht auf die Schale. Jetzt sehen die Kameraden schon viel netter aus.

Ich verabschiede mich freundlich und verschwinde schnell in meine Wichtelwohnung. Ich habe schließlich noch zu tun. Ich hänge die Bilder über meinem Bett auf und freue mich. Heute werde ich besonders gut schlafen und kunterbunte Träume haben.

Der Schneemann - Zauber

Gestern habe ich gehört, dass Hannah sich einen Schneemann in ihrem Zimmer wünscht. Draußen sei es zu kalt, meinte sie. Da würde der arme Schneemann nur frieren und sie selbst auch, wenn sie ihn besuchen ginge. Mama und Papa Lustig waren sofort dagegen, den kalten, nassen Schnee ins Haus zu holen und Hannah hat ganz traurig geschaut. Papa Lustig war der Meinung, dass es nicht möglich sei, einen Schneemann im Haus zu haben. Aber das stimmt nicht, natürlich ist das möglich.

Als alle schlafen, laufe ich in Hannahs Zimmer. Ich denke kurz nach und murmele: „Eene meene Zeit vergeht, ein Schneemann hier im Zimmer steht!“ Dabei werfe ich etwas Zauberstaub in die Luft. Als das glitzernde Pulver verfliegt, steht er da: ein riesiger Schneemann mit Karottennase, der bis zur Decke reicht. Ich bin stolz wie Oskar. Dieser Schneemann ist wirklich ein Prachtexemplar. Da wird Hannah Augen machen. Von wegen, einen Schneemann kann man nicht im Haus haben. Und ob man das kann!

Am liebsten würde ich Hannah gleich aufwecken, so gespannt bin ich auf ihre Reaktion. Aber erstens weckt man keine schlafenden Kinder und zweitens darf ich nicht riskieren, gesehen zu werden. Also sortiere ich Hannahs Legosteine, um mir ein wenig die Zeit zu vertreiben. Als das erledigt ist, drehe ich mich um und erschrecke. Da ist ein See, mitten im Zimmer. Der war doch vorher noch nicht da. Oder doch?

Jetzt dämmert es mir. Der Schneemann beginnt zu schmelzen. Deshalb wollten die Eltern ihn wohl nicht im Haus haben. So langsam verstehe ich es. Der Schneemann muss auf der Stelle verschwinden, bevor die Pfütze sich noch weiter ausbreitet. Aber das ist kein Problem, schließlich bin ich ein erfahrener Wichtel und hatte schon viele Stunden Zauberunterricht in meinem langen Wichtelleben.

Doch vor lauter Nervosität fällt mir einfach kein geeigneter Wichtelzauber ein. Was habe ich mir nur dabei gedacht, einen Schneemann ins warme Haus zu holen? Ich laufe mit großen Schritten im Zimmer auf und ab und überlege fieberhaft. Meine Füße sind schon ganz nass und das Eiswasser kriecht über meine Strümpfe langsam die Beine hoch.

Igitt! Das ist wirklich unangenehm und bitterkalt. So hole ich mir im warmen Haus noch eine Erkältung. Denk nach, Willi, motiviere ich mich selbst. Und plötzlich habe ich einen Geistesblitz. Ich spreche einen Wichtelzauberspruch, werfe das Zauberpulver in die Luft und niese. Hatschi! Ich schaue auf und kann keinen Schneemann mehr entdecken. Sehr gut. Hatschi! Habe ich Zauberpulver in der Nase, oder werde ich tatsächlich krank?

Schnell laufe ich ins Badezimmer und hole das große Badehandtuch vom Haken. Ich ziehe es hinter mir her in Hannahs Zimmer. Das Mädchen schläft immer noch tief und fest und hat von dem plötzlichen Wintereinbruch in ihrem Zimmer nichts bemerkt. Schnell breite ich das Frotteehandtuch auf dem nassen Fußboden aus und renne und springe darauf herum, damit es sich auch gut mit dem Wasser vollsaugen kann.

Anschließend muss das nasse Ding natürlich wieder raus aus dem Zimmer. Das ist deutlich komplizierter. Da das Handtuch nun pitschnass ist, wiegt es viel mehr als vorher. Ich ziehe und ächze und stöhne und komme einfach nicht voran. Ein paar Mal rutscht mir der Zipfel des widerspenstigen Handtuchs aus den Fingern und ich kullere rückwärts auf den Flur hinaus. So funktioniert es nicht. Ich muss mir mit einem klitzekleinen Zauber helfen und ziehe noch einmal das Zauberpulver aus meiner Tasche.

Als ich den richtigen Zaubersatz ausgesprochen habe, ist das Handtuch leicht wie eine Feder und ich kann es ganz einfach zurück an seinen Platz hängen. Geschafft! Alle Spuren sind beseitigt. Nun muss ich auf dem schnellsten Weg zurück ins Wichtelhaus flitzen, denn gleich geht bereits die Sonne auf. Papa Lustig steht morgens vor allen anderen auf und darf mich nicht im Bad erwischen.

Schnell verschwinde ich hinter der Wichteltür und ziehe meine nassen Sachen aus. Ich lege Feuerholz nach und mache ein wärmendes Feuer im Kamin. Meine Schuhe stelle ich zum Trocknen davor. Die nassen Socken hänge ich über eine Leine und auf die eiskalten Wichtelfüße lege ich meine dicke Wolldecke. Plötzlich höre ich eine laute Stimme. Ich laufe zur Wichteltür und lausche.

„Igitt, warum ist mein Handtuch denn so nass?“, ruft Papa Lustig aus dem Badezimmer. „Wie soll ich mich denn damit abtrocknen?“ Ich muss kichern. Nun höre ich Hannah rufen: „Papa, ich glaube Willi hat gebadet! Es gibt kleine nasse Fußabdrücke bis zu seiner Wichteltür.“ Papa Lustig grummelt noch irgendetwas, aber ich verstehe ihn nicht. Ich gähne. Das war eine aufregende und arbeitsreiche Nacht für mich. Ich muss mich dringend aufs Ohr legen. Ich nehme mir vor, beim nächsten Mal etwas genauer nachzudenken, bevor ich meinen Wichtelzauber benutze.

Das weihnachtliche Wichtelkino

Der Schneemann-Zauber und die anschließende Arbeit, die ich beim Aufräumen hatte, stecken mir noch ganz schön in den Knochen. Das war vielleicht anstrengend, kann ich euch sagen. Aber alles Jammern hilft nicht, ich werde im Weihnachtsdorf gebraucht, denn es gibt viel zu tun.

Als ich über den verschneiten Hügel auf das funkelnde Dorf mit der großen Weihnachtswerkstatt und der Backstube blicke, staune ich nicht schlecht. Normalerweise flitzen und eilen die Wichtel hier mit Werkzeugen, Backzutaten und Spielzeugen herum. Manche balancieren Stapel mit Geschenken auf den Armen und es herrscht immer eine gewisse Hektik. Nicht so heute. Ich sehe zwar jede Menge aufgeregte Weihnachtswichtel, aber sie arbeiten nicht, sie bereiten etwas vor. Der große Ofen in der Backstube steht still, aber es liegt der Duft von Popcorn und Früchtepunsch in der Luft.

Neben der großen geschmückten Tanne stehen Stuhlreihen auf dem Dorfplatz und ganz vorne bauen Tomte und Pepe eine große Leinwand auf. Oh je, die beiden haben keine Leiter und Tomte klettert auf Pepes Schulter. Bei der Gelegenheit erblickt er mich und winkt: „Hallo Willi! Komm schnell her, wir schauen gleich einen Weihnachtsfilm. Es gibt Popcorn und geröstete Kastanien." So wild wie Tomte zu mir herüberwinkt, gerät Pepe ins Wanken. „Vorsicht!", rufe ich noch, aber die beiden fleißigen Wichtel krachen schon in die Leinwand hinein und hinterlassen darin ein großes Loch.

„Das ist ja ein schöner Schlamassel", jammert Pepe. „Den Weihnachtsfilm können wir jetzt vergessen." Ich bin zwar enttäuscht, aber auch erleichtert, dass ich diesmal nichts mit dem Dilemma zu tun habe. Ich kann schließlich nichts dafür, dass Tomte mich so überschwänglich begrüßen musste. Ich denke kurz nach und schnappe mir die Rolle mit dem Klebeband. Damit haben Pepe und Tomte das Kabel des Filmprojektors am Boden befestigt. In Windeseile klebe ich die großen Risse wieder zu und betrachte mein Werk. Diesmal holt Tomte lieber eine Leiter und hängt die geflickte Leinwand auf. Wir schauen auf die strahlend weiße Kinowand, doch alles, was wir sehen, sind die geflickten Umrisse zweier Wichtel. Wir prusten los vor Lachen und können uns kaum wieder beruhigen. Zu komisch ist dieser Anblick.

Doch so langsam trudeln die ersten Wichtel ein und nehmen auf den Stühlen Platz. Sie halten einen großen Becher Punsch und eine Tüte Popcorn in der Hand. Alle freuen sich schon auf den Weihnachtsfilm. „Was soll das denn sein?", fragen sie. „So können wir aber keinen Film schauen!" Die Wichtel werden ungeduldig und gucken missmutig zu uns hinüber.

Nun muss ich mir schleunigst etwas einfallen lassen. Ich ziehe mein Zauberpulver aus der Hosentasche und gebe etwas von dem goldenen Staub in meine Handfläche. Dann stelle ich mich direkt vor die Leinwand, schließe die Augen und puste das Glitzerpulver darauf. Dabei spreche ich in Gedanken einen Wichtelzauber und öffne anschließend gespannt die Augen. Die Kleberänder sind verschwunden. Die weiße Leinwand ist völlig unbeschädigt. Die Menge applaudiert. Und als ich mich umschaue, sehe ich, dass sich die Plätze schon fast alle gefüllt haben und bereits Hunderte Weihnachtswichtel in freudiger Erwartung auf ihren Stühlen sitzen. „Bravo!", ruft nun mein Freund Tobi, der auch bereits im Publikum sitzt. „Willi, du bist ein toller Weihnachtswichtel!".

Stolz gehe ich nun auch zum Popcornstand und hole mir eine große Tüte, bevor ich mich zu den anderen setze. Ich habe Glück und ergattere einen Sitzplatz gleich neben einem Heizpilz. Tomte startet den Film und es ist einfach wunderbar. Der Tannenbaum erstrahlt im verschneiten Weihnachtsdorf und wir schauen alle gemeinsam einen wunderschönen Weihnachtsfilm.

Hüa Minka!

Letzte Nacht hatte ich großen Spaß. Nach dem festlichen Weihnachtsfilm haben wir Wichtel uns alle gemeinsam am Feuer versammelt und noch stundenlang erzählt. Es ist doch wirklich herrlich, zwischen all der Arbeit auch einmal gemeinsam die Zeit zu genießen. Schaut ihr auch so gerne Weihnachtsfilme? Ich finde, sie gehören zur Weihnachtszeit einfach dazu und sorgen für eine wunderbare Weihnachtsstimmung. Schaut euch doch auch mal einen schönen Film an. Ganz gemütlich auf der Couch unter einer Kuscheldecke mit Popcorn, Plätzchen und warmem Kakao.

Apropos Plätzchen und Kakao, ich habe einen Bärenhunger. Schnell schwinge ich die Beine aus dem Bett und greife nach der Milch. Die werde ich jetzt in den Kessel füllen und über meinem Kaminfeuer erwärmen. Aber leider ist nur noch ein winziges Tröpfchen Milch in der Flasche. Das reicht nicht für eine heiße Schokolade. Und nun?

Ich laufe zur Tür und lausche. Die Kinder sind in der Schule und Mutter und Vater Lustig sind auf der Arbeit. Ich höre nichts, also öffne ich die Wichteltür. Ich mache einen Schritt hinaus und stehe direkt vor Minka. Wo kommt die denn so plötzlich her? Jetzt weiß ich, woher der Ausdruck „Samtpfote" kommt. Katzen können sich sehr leise anschleichen. Wenn Minka schon mal da ist, dann kann sie mich doch eigentlich kurz rüber in die Küche bringen. Ich klettere über den langen Schwanz bis hoch oben auf ihren Kopf und halte mich im Fell fest. Das ist auch nötig, denn Minka ist nicht begeistert und maunzt aufgebracht. Auf gehts, rufe ich und recke einen Arm in die Höhe. Aber Minka bleibt stocksteif stehen. Hüa, versuche ich es erneut, aber das sture Tier bewegt sich nicht. Da kommt mir eine Idee. Ich stecke die Hände in die Hosentaschen und krame jeden Krümel heraus. Ich finde einen alten Knopf, ein Bonbonpapier und ein paar Popcornreste.

Ich halte die Popcornkrümel vor Minkas Nase. Gerade so, dass sie nicht drankommt. Dabei muss ich mich ganz schön nach vorne beugen und gut aufpassen, dass ich nicht herunterfalle. Es funktioniert. Die Katze schnuppert und versucht das Popcorn zu erreichen. Dabei bewegt sie sich vorwärts. Jippie, ich reite in die Küche.

An meinem Ziel angekommen, lasse ich das Popcorn vor Minkas Nase einfach fallen. Sie bleibt stehen und schleckt an der Süßigkeit. Ich hüpfe schnell vom Rücken der Katze und klettere die Küchenschränke hinauf. Von der Arbeitsplatte aus kann ich den Griff des Kühlschranks erreichen und dort werde ich ganz bestimmt Milch finden. Gerade als ich die schwere Tür öffne, höre ich jemanden in die Wohnung kommen. Oh nein, ich habe mit Minka zu viel Zeit vertrödelt. Ohne weiter nachzudenken, hüpfe ich in den Kühlschrank und verstecke mich hinter einem Becher Erdbeerjoghurt.

Hannah läuft weinend ins Wohnzimmer und lässt sich wütend auf die Couch plumpsen. Max und Mama Melanie ziehen sich Jacken und Schuhe aus und kommen ebenfalls in den Wohnraum. „Soll ich dir einen leckeren Kakao machen, damit du dich wieder beruhigen kannst?", fragt Melanie ihre Tochter.

Doch die geht gar nicht auf die Frage ein. Stattdessen schimpft sie: „Wie kann Mia einfach meinen Einhornstift nehmen und dann behaupten, es sei ihrer? Den habe ich vom Nikolaus bekommen. Ich, nicht sie!" Mama Lustig nimmt Hannah tröstend in den Arm und sagt: „Das ist bestimmt ein Missverständnis, das sich aufklären wird. Was haltet ihr davon, wenn ich das Kochen auf heute Abend verschiebe und wir uns jetzt im Café eine Waffel mit Vanilleeis und heißen Kirschen gönnen?" Max jubelt und auch Hannah wischt sich die Tränen aus dem Gesicht und stimmt zu.

Nur wenige Minuten später fällt die Wohnungstür ins Schloss und ich bin erleichtert. Es ist nämlich ganz schön kalt im Kühlschrank. Ich friere fürchterlich und meine Zähne klappern aufeinander. Schnell schnappe ich mir den Milchkarton und verlasse mein eisiges Versteck.

Der gestohlene Einhornstift

Nach der Zeit im Kühlschrank bin ich richtig durchgefroren. Deshalb sitze ich nun am Feuer und genieße meinen heißen Kakao. So langsam wird es mir wieder warm, was aber sicher auch an den drei Paar Socken und der Kuscheldecke liegt. Ich denke an Hannah und daran, wie traurig das Mädchen eben war. Ich erinnere mich noch gut an den Nikolausmorgen, an dem sie den Einhornstift in ihrem Stiefel gefunden hat. Was hat Hannah eben gesagt? Mia hat den Stift genommen? Ich glaube, ich muss der Sache mal auf den Grund gehen.

Als am Abend alle schlafen, schleiche ich mich hinaus und begebe mich auf die Suche nach Mias zu Hause. Die Wohnung habe ich schnell gefunden. Ich schaue mich vorsichtig um, denn auch hier darf man mich natürlich nicht entdecken. Es sieht traurig aus, hier bei Mia. Es gibt nur wenige Möbel und die Zimmer sind sehr klein. Als ich ins Kinderzimmer schleiche, bemerke ich, dass Mia sich diesen Raum mit ihrer kleinen Schwester teilt. Obwohl hier zwei Kinder wohnen, gibt es fast keine Spielsachen.

Plötzlich erstarre ich, denn die Mädchen sind noch wach. Mias Schwester flüstert leise: „Danke für das tolle Geburtstagsgeschenk. Das ist der allerschönste Stift, den es gibt." Ich sehe Mia lächeln, aber sie scheint auch ein schlechtes Gewissen zu haben. Sie senkt den Blick und antwortet leise: „Ich wollte dir etwas Schönes schenken.

Weil Mama ihre Arbeit verloren hat, konnten wir dieses Jahr deinen Geburtstag schließlich nicht richtig feiern." Nun verstehe ich, warum Mia den Stift genommen hat. Sie wollte ihrer Schwester eine Freude machen. Offensichtlich ist Mias Familie gerade in einer schwierigen Situation.

Zurück in meinem Wichtelheim setze ich mich direkt an den Tisch und schreibe einen Brief an Hannah und Max. Ich erzähle von meinem Besuch bei Mia und erkläre ihnen die Situation. Natürlich ist das alles keine Entschuldigung dafür, dass Mia den Stift genommen hat, aber vielleicht kann Hannah es nun ein bisschen besser verstehen. Jetzt lege ich den Brief vor die Wichteltür, wo die Kinder ihn morgen früh sofort entdecken werden.

Bevor Hannah sich die Zähne putzt, läuft sie zuallererst ins Wohnzimmer und schaut nach Willi. Er hat einen Brief vor die Tür gelegt. Neugierig rollt sie das Papier auseinander und ruft nach ihrem Bruder. Nun liest sie den Brief vor und auch Mama und Papa Lustig hören gespannt zu. „Das ist ja ein Ding!", sagt Hannah. „Irgendwie tut Mia mir leid, obwohl sie mich beklaut hat." Holger Lustig ist ganz in Gedanken versunken. Er murmelt: „Meine Firma sucht gerade eine Mitarbeiterin für den Empfang. Ich rufe dort gleich einmal an." „Und wir sortieren heute Nachmittag ein paar Spielsachen für Mia und ihre Schwester aus", schlägt Max vor. Hannah ist sofort einverstanden. Doch nun müssen sich die Lustigs beeilen, denn die Schule fängt gleich an.

Am späten Nachmittag steht die komplette Familie bei Mia vor der Wohnungstür. Hannah hält eine Dose Weihnachtsplätzchen in der Hand und Max trägt eine große Kiste Spielzeug. Melanie Lustig klingelt und kurz darauf steht ihnen Mias Mutter gegenüber, die ganz verwundert von einem zum anderen blickt. Hinter ihr taucht auch Mia auf. Sie entdeckt Hannah und schaut sofort beschämt zu Boden. „Die ganze Familie Lustig", lacht Mias Mutter nun, „das ist aber eine Überraschung! Kommt rein!"

Als die vier die Wohnung betreten, geht Mia auf Hannah zu und flüstert: „Ihr seid bestimmt wegen des Stiftes gekommen. Du hast recht, ich habe ihn genommen. Es tut mir auch wirklich leid, das hätte ich nicht tun dürfen. Ich werde ihn dir sofort zurückgeben." Doch Hannah kann das Mädchen beruhigen: „Nein, das musst du nicht. Wie willst du das denn sonst deiner Schwester erklären?" Hannah zwinkert Mia zu, die völlig verdattert fragt: „Woher weißt du das?" Doch bevor Hannah sich erklären muss, werden die Mädchen von einem Freudenschrei unterbrochen. Mias Mutter ruft glücklich: „Mia, Nelly, ich habe eine neue Arbeitsstelle! Das ist das schönste Vorweihnachtsgeschenk, das ich mir vorstellen kann.

In diesem Moment überreicht Max den beiden Schwestern die Kiste mit dem Spielzeug und Hannah drückt Mias Mutter die Weihnachtsplätzchen in die Hand. „Ich weiß gar nicht, was ich sagen soll", stammelt die, „setzt euch erstmal hin, ich mache uns einen schönen Weihnachtstee.

Am Abend sitzen Max und Hannah vor der Wichteltür und erzählen mir haarklein von ihrem Besuch bei Mia. Mir wird ganz warm ums Herz. Schenken ist doch einfach etwas Wunderbares. Bevor jetzt alle glücklich schlafen gehen, werde ich mir aber auch noch einen Weihnachtstee zubereiten. Denn ich war schließlich beim Teetrinken nicht dabei. Ein paar leckere Plätzchen habe ich heute Nachmittag bei Familie Lustig stibitzt. Ich mache es mir also jetzt erstmal so richtig gemütlich.

Ein ganz besonderer Weihnachtsbaum

Heute habe ich gehört, dass Familie Lustig nun endlich den Weihnachtsbaum kaufen möchte. Das wird auch Zeit, finde ich. Ich liebe die geschmückten Tannenbäume mit ihren Kugeln und Lichterketten. Und ich bin schon gespannt, wie der Baum aussehen wird. Sobald es heute Abend in der Wohnung ruhig wird, werde ich ihn mir anschauen.

Am Nachmittag höre ich vor meiner Wichteltür jede Menge Geräusche. Da wird geschleppt und gezerrt und kurz ein bisschen geschimpft. Offenbar hat sich Papa Holger an den Tannennadeln gepikt und Max hat so viel Wasser in den Baumständer gefüllt, dass es eine Überschwemmung gab. Danach ist Ruhe. Sicher steht der Baum nun in all seiner Pracht im Wohnzimmer. Ein bisschen muss ich mich noch gedulden, dann schleiche ich mich hinaus.

Als endlich alle schlafen, öffne ich vorsichtig die Tür. Aber was ist denn das? Ich bin schockiert. Da steht die grüne Tanne und ist noch völlig nackig. Keine Kugel, keine Zuckerstange, kein bunter Stern, nicht einmal eine Lichterkette. Also so was. Wissen die Lustigs denn nicht, wie ein Weihnachtsbaum auszusehen hat? Ich muss kurz überlegen, was ich tun kann. Dann habe ich eine zündende Idee.

Ich laufe in mein Wichtelhaus und hole die Lichterkette von der Wand, die ich mit Mühe und Not dort angebracht habe. Ich ziehe sie hinter mir her bis hin zum Baum und klettere den Stamm hinauf. Die Lichterkette lege ich auf die Zweige, doch sie ist viel zu winzig. Es ist eben eine Wichtel-Lichterkette. Sie ist so klein, dass man sie im Geäst des Baumes kaum sehen kann. So geht das nicht. Ich muss mir etwas anderes einfallen lassen.

Ich schleiche in Hannahs Kinderzimmer und ziehe die erstbeste Schublade auf. Das kostet mich viel Kraft, aber ich bin ein starker Weihnachtswichtel. Das ist die Kommode mit der Wäsche und ich sehe viele bunte Socken vor mir. Perfekt! Ich schnappe mir so viele, wie ich tragen kann und eile damit zurück ins Wohnzimmer. Jetzt verteile ich die kunterbunten Strümpfe im Baum. Das sieht toll aus. Ich hole gleich noch mehr und auch bei Max im Zimmer werde ich fündig. Da habe ich allerdings die Schublade mit den Unterhosen erwischt. Egal, die sind auch schön bunt und eignen sich hervorragend als Christbaumschmuck.

Als ich alles gleichmäßig im Baum verteilt habe, bewundere ich mein Werk. Nun gut, es ist nicht das, was man für gewöhnlich kennt, aber die Tanne kann sich sehen lassen. Ich bin zufrieden. Familie Lustig wird Augen machen, wenn sie den bunt geschmückten Baum am Morgen erblickt. Sie können froh sein, dass ich ihnen die Arbeit abgenommen habe. Das war alles ganz schön anstrengend für so einen kleinen Wichtel und deshalb habe ich mir jetzt ein Päuschen verdient.

Auf dem Tisch neben der Couch liegt eine Tüte Chips. Die werde ich mir jetzt mitnehmen und genüsslich verspeisen. Ich recke und strecke mich, bis ich eine Ecke der Verpackung zu fassen bekomme. Jetzt ziehe ich die Chipstüte vom Tisch herunter und schleife sie hinter mir her in mein Wichtelhaus. Als ich losfuttern möchte, greift meine Hand ins Leere. Was ist denn das? Die Tüte ist, bis auf wenige winzige Krümel, völlig leer. Da stimmt doch was nicht. Ich öffne die Wichteltür und verstehe: Von meiner Tür bis hin zum Couchtisch führt eine feine Chips-Spur. Die Tüte war wohl bereits offen, als ich sie hinter mir hergezogen habe. Zu ärgerlich, denn in diesem Moment höre ich jemanden kommen und muss die Tür schnell wieder schließen. Auf die Chips muss ich wohl verzichten.

Die leckerste Geburtstagstorte

Kaum habe ich die Tür geschlossen, höre ich Max lachen. Er ruft den Rest der Familie herbei und sie staunen nicht schlecht über den wunderschönen Tannenbaum. „Wart ihr das, Max und Hannah?", höre ich Mutter Melanie fragen. Natürlich verneinen die beiden Kinder, denn das ist das Werk eines wahren Weihnachtswichtels. „Es ist aber doch eure Wäsche, die da im Baum hängt", bleibt Mama Lustig hartnäckig. Dann kann ich hören, dass Papa Holger meine Chips-Spur entdeckt. Hannah und Max sind sich jetzt ganz sicher, dass ich den Baum geschmückt habe. Recht haben sie. Doch was höre ich nun? Familie Lustig hat also doch richtigen Baumschmuck und die Tanne sollte heute bei Weihnachtsmusik und Früchtepunsch gemeinsam geschmückt werden. Das klingt toll. Das konnte ich natürlich nicht wissen. Dann müssen die Socken und die Unterhosen wohl wieder runter.

Dabei kann ich meiner Familie nun allerdings nicht helfen. Ich muss noch eine Geburtstagskarte schreiben. Heute hat nämlich meine Wichtelfreundin Berta Geburtstag. Sie ist eine ganz besondere Wichteline. Nicht nur, weil sie die lustigste Wichtelfrau ist, die ich kenne. Sondern auch, weil sie schon seit ihrer Kindheit im Rollstuhl sitzt. Jetzt denkt ihr vielleicht, dass sie oft traurig war, weil sie nicht laufen konnte. Aber nein! Sie war schon immer eine fröhliche Wichteline. Selbst als man ihr damals sagte, sie könne nicht im Weihnachtsdorf bei den Weihnachtsvorbereitungen helfen, hat sie sich nicht unterkriegen lassen. Sie hat nur gefragt: „Warum soll ich das denn nicht können?" Und da waren alle baff und ganz still, denn niemandem fiel eine Antwort ein. Berta wusste schon immer, dass ihre Behinderung sie nicht davon abhalten konnte, glücklich zu sein.

Nun arbeitet die begabte Berta schon seit vielen Hundert Jahren im Weihnachtsdorf und unterstützt das Christkind und den Weihnachtsmann. Sie kann alle Arbeiten erledigen, die auch die anderen Wichtel machen, aber am allerbesten kann sie backen. Deshalb leitet sie schon seit langer Zeit unsere Backstube und sie backt die allerbesten Weihnachtsplätzchen. Ich sage euch, sie ist eine der fleißigsten Wichtelinen im ganzen Dorf. Heute lädt sie uns auf ein Stück Geburtstagstorte ein. Bestimmt mit Schokolade und Buttercreme, so eine richtig leckere Torte mit vielen köstlichen Schichten und Sahnetupfen obendrauf. Mir läuft schon das Wasser im Mund zusammen.

Aber nun muss ich mich ranhalten. Ich muss noch die Karte schreiben und möchte ihr auch ein Bild malen. Ich glaube, ich male ein Bild von ihr in der Backstube mit einem großen Kuchen auf dem Kopf und einem Backblech voller Ausstechplätzchen in den Händen. Das wird ihr bestimmt gefallen.

Als Berta meine Karte und das Bild sieht, hält sie sich vor Lachen den Bauch. Sie freut sich sehr über mein Kunstwerk und verspricht, es in ihrem Wichtelhaus aufzuhängen. Dann bekomme ich ein Stück der leckersten Torte, die ein Wichtel je gegessen hat. Dazu trinke ich ein Glas Milch und wir erzählen uns Geschichten. Doch es gibt viel zu tun, deshalb muss ich weiter. Heute bin ich für die Pack-Station eingeteilt. Da darf ich beim Einpacken der Geschenke helfen. Das mag ich sehr. Dort gibt es Geschenkpapier in allen Farben und viele Schleifen und Bänder. Auf gehts!

Der funkelnde Sternenhimmel

Als ich von meiner Arbeit im Weihnachtsdorf zurückkomme, ist mir nach etwas Schabernack zumute. Ich laufe in den Flur und verknote die Ärmel der Kinderjacken, sodass Max und Hannah ihre Arme später nicht hindurchstecken können. Während ich kichernd vor Vorfreude meinen kleinen Spaß vorbereite, höre ich plötzlich jemanden rufen. Max hat scheinbar schlecht geträumt und Mama Melanie kommt herbeigeeilt.

Natürlich bin ich neugierig wie immer. Ich verstecke mich in einer Manteltasche und höre, dass Max sich im Dunkeln fürchtet. Daher bleibt seine Mutter erst mal bei ihm auf der Bettkante sitzen, damit Max sich sicher fühlt. Doch dort kann sie nicht ewig sitzen bleiben. Ich merke schnell, dass hier Wichtel Willis Hilfe benötigt wird. Ich muss mir dringend etwas für meinen Menschenfreund überlegen. Aber jetzt mache ich es mir erst mal in der kuscheligen Manteltasche gemütlich und warte ab.

Nach einer Weile ist Mama Lustig zurück in ihr Bett gehuscht und alle schlummern wieder friedlich. Ich hüpfe aus der Tasche und klettere den Mantel hinunter. Dann schleiche ich in Max' Zimmer und schaue mich um. Ich erinnere mich daran, was der Junge eben gesagt hat. Es ist ihm hier nachts zu dunkel. Kurzerhand spreche ich einen Wichtelzauberspruch. Den habe ich erst vor Kurzem in der Wichtelschule im Zauberunterricht gelernt. Hoffentlich kriege ich ihn noch richtig zusammen:

Ich schließe die Augen, denn ich bin nicht sicher, ob der Zauberspruch hier funktioniert. In der Wichtelschule haben wir ihn draußen im Freien gesprochen und funkelnde Sterne an den Nachthimmel gezaubert. Aber hier sind wir nun im Kinderzimmer. Beim letzten Mal ist mein Schneemann-Zauber immerhin ordentlich in die Hose gegangen. Ich öffne vorsichtig erst das eine Auge und dann das andere.

Und dann staune ich selbst über den zauberhaften Sternenhimmel, der direkt über mir an der Zimmerdecke funkelt. So wird Max bestimmt gut schlafen. Ich flüstere dem Jungen noch schnell eine gute Nacht zu und schleiche auf Zehenspitzen aus dem Zimmer.

Vor der Tür wartet schon der Minka-Express auf mich. Na, so ein Zufall. Oder hat sie etwa gewusst, dass ich hier bin? Die flauschige Katze legt sich vor mich und ich steige auf ihren Rücken. Nun setzt sie sich in Bewegung und trottet ins Wohnzimmer. Das weiche Katzenfell und die Bewegung des Tieres machen mich plötzlich ganz müde. Ich lasse mich tragen und schwanke bei jedem Schritt leicht hin und her. Mir fallen fast die Augen zu, als Minka plötzlich stehen bleibt.

Wir sind an meiner Wichteltür angekommen. Ich bedanke mich und kraule der Katze noch kurz den Kopf. Sie schnurrt laut. Das bedeutet, es gefällt ihr gut. Ich rutsche am Schwanz hinab auf den Boden und verabschiede mich. Jetzt muss ich dringend ein Schläfchen halten. Ich glaube, ich zaubere mir auch so einen wunderschönen Sternenhimmel über mein Wichtelbett.

Während ich das Funkeln der Sterne über mir betrachte, denke ich an die Wichtelschule. Dort habe ich schon so viel gelernt und tolle Sachen erlebt. Die Schule liegt etwas abseits am Rande des Wichtelwaldes. Sie ist in einer sehr alten Eiche untergebracht. Man erreicht die faszinierenden Räume der Schule durch eine große Holztür im Baumstamm. Es gibt dort einfach alles, was man sich vorstellen kann. Zauberpulver in allen Farben, Glitzerstaub, so schillernd und bunt wie ein Regenbogen, Bücher, Labore und vieles mehr. Und vor allem findet man dort die ältesten und erfahrensten Wichtel, die uns Jüngeren alles beibringen, was sie wissen. Ich freue mich schon, wenn ich im nächsten Jahr dort wieder neue Zaubersprüche und Wichtelspäße lerne. Aber nun erstmal gute Nacht!

Der blaue Hund

Weihnachten rückt immer näher und wir Wichtel haben im Weihnachtsdorf noch eine Menge zu tun. Doch bei all der Arbeit und den Vorbereitungen für das Weihnachtsfest darf der Spaß natürlich nicht zu kurz kommen. Deshalb zünden Tobi und ich in der Pause ein Feuer an und wärmen unsere Hände. Es ist so wunderschön unter dem klaren Sternenhimmel am knisternden Lagerfeuer zu sitzen.

Smilla und Jockel setzen sich zu uns und bringen Keks-Bruch aus der Backstube mit. Wisst ihr, was das ist? Das sind Plätzchen, die nicht schön gebacken oder zerbrochen sind und daher nicht verpackt werden. Diese Keks-Reste dürfen wir Wichtel naschen und freuen uns immer sehr darüber. Ich laufe noch schnell los und organisiere heißen Kakao. Dann machen wir es uns so richtig gemütlich und erzählen uns Geschichten. Wir Wichtel lieben es zu erfahren, was die anderen bei ihren Familien erleben.

Jockel möchte uns etwas erzählen, denn ihm ist etwas richtig Dummes passiert. Aber hört selbst: „Ich wohne im Moment bei einer ganz tollen Familie", erzählt Jockel. „Daniel ist der Jüngste und liebt Weihnachtsplätzchen. Daher habe ich gestern beschlossen, für ihn zu backen. Ich wollte dem Jungen einen großen Teller Ausstechplätzchen zubereiten und ihm ausdrücklich erlauben, alle auf einmal aufzuessen. Also wartete ich ungeduldig, bis alle im Bett lagen und ich freie Bahn in der Küche hatte."

Jockel nimmt einen großen Schluck Kakao und fährt fort: „Ganz leise schlich ich aus meinem Wichtelhaus hinaus und nahm meine Backutensilien und meine Ausstechförmchen mit. Obwohl ich wirklich sehr vorsichtig war, stolperte ich plötzlich. Aufgeschreckt von meinen klappernden Backförmchen kam Nero, der Hund der Familie, angelaufen. Nero und ich kannten uns bereits gut. Er ließ sich wunderbar mit Leckerlis bestechen. So half mir der Hund sogar hoch auf die Küchenarbeitsplatte. Er duckte sich, ließ mich auf seinen Rücken klettern und stellte sich dann vor den Küchenschrank, über dessen Griff ich nun problemlos hochklettern konnte. Bis dahin lief alles wie am Schnürchen. In Windeseile bereitete ich Plätzchenteig zu, rollte ihn aus und drückte die Förmchen hinein.

Gerade als ich das Blech mit den Keksen in den Ofen schieben wollte, fiel mir ein, dass Daniels Lieblingsfarbe Blau war. Wären blaue Kekse dann nicht noch schöner? Zum Glück hatte ich jede Menge Streusel, Nüsse, Schokolade und auch Zauberglitzer dabei. Ich löste den Korken von der Flasche mit dem blauen Glitzerstaub und färbte die Plätzchen damit ein. Das große Blech in den Backofen zu manövrieren war nun eine ganz schöne Prozedur. Ich kam ins Wanken und stieß mit dem Po an die Glasflasche mit dem blauen Glitzer. Diese kippte um und ein wenig des pudrigen Zauberstaubs verteilte sich auf der Arbeitsfläche und dem Küchenboden.

Schnell begann ich damit, das Chaos zu beseitigen. Dann blickte ich vom Küchenschrank aus hinunter auf den Boden und erschrak fürchterlich. Dort lag Nero und schlief. Ihr werdet euch fragen, was daran so schlimm ist. Das Problem war nicht der schlafende Hund. Das Problem war der blaue Zauberglitzer, der offensichtlich auch auf Neros Fell gelandet war. Dort hatte er sich so gut verteilt, dass der vormals hellbraune Hund nun in einem satten Blau erstrahlte. Könnt ihr euch das vorstellen? Der ganze Hund war blau.

In diesem Moment hörte ich Schritte. Ich hatte völlig die Zeit vergessen und inzwischen war bereits die Sonne aufgegangen. Schnell stellte ich die Plätzchen für Daniel bereit und packte geschwind meine sieben Sachen zusammen. Dann flitzte ich zurück in mein Wichtelhaus. Das war gerade noch einmal gut gegangen.

Gespannt wartete ich darauf, dass Daniel seine Kekse finden und sich darüber freuen würde. Doch plötzlich hörte ich einen Schrei. Daniels Vater schien sich fürchterlich erschreckt zu haben. Und da fiel mir der Hund wieder ein. Sicher war die Familie nicht begeistert von der blauen Farbe. Doch dann prustete der Vater los und rief lachend seine Frau und die Kinder herbei. Alle amüsierten sich über den verrückten Schabernack ihres Wichtels und ich musste selbst kichern.“

Wir sitzen am Feuer und lachen uns kringelig bei der Vorstellung, dass bei Jockels Familie nun ein blauer Hund herumläuft. „Und jetzt?“, fragt Tobi kichernd. Und Jockel erklärt: „Natürlich werde ich heute Nacht aus meiner Wichteltür schleichen und Nero erlösen. Ich möchte schließlich nicht, dass er von den anderen Hunden bei seinen Spaziergängen ausgelacht wird.“

Wichteltür in Gefahr

Ist es nicht herrlich? Nur noch wenige Tage bis Weihnachten und es verbreitet sich immer mehr festliche Stimmung bei meiner Familie. Gestern hat Hannah mit ihrer Mutter gebastelt. Die beiden haben Nelken in Orangen gesteckt. Das sieht richtig toll aus und riecht ganz wunderbar. Sie haben auch noch eine hübsche Schleife drumgebunden und die Orangen als duftende Dekoration in der Wohnung verteilt. Mir haben sie auch eine vor meine Wichteltür gestellt. Darüber habe ich mich sehr gefreut.

Heute ist Wochenende und es dringt Weihnachtsmusik zu mir ins Wichtelhaus. Mama Melanie singt fröhlich mit und deckt den Tisch. Ich habe eben schon mitbekommen, dass heute Nachmittag Besuch erwartet wird. Melanies Schwester Sonja kommt mit ihrer Familie. Zu dieser Familie gehören auch die beiden Cousins von Hannah und Max. Auf die zwei Kinder bin ich besonders gespannt. Beim Warten fallen mir die Augen zu und ich bin kurz davor einzuschlafen, als mir plötzlich ein köstlicher Duft in die Nase steigt. Ich schnuppere und stelle erfreut fest, dass es nach frischen Waffeln riecht. Hoffentlich denkt meine Familie auch hierbei an mich und stellt mir später einen Teller vor die Wichteltür.

Jetzt klingelt es und die Kinder stürmen zur Eingangstür. Kaum ist diese geöffnet, wird es laut. Alle reden durcheinander und begrüßen sich fröhlich. Na, das wird bestimmt ein lustiger Nachmittag.

Als alle am Tisch sitzen, wird es etwas ruhiger. Sicher haben sie den Mund voll mit köstlichen Waffeln und können nicht so viel sprechen. Bestimmt stehen auch heiße Kirschen und Schlagsahne auf dem Tisch. Bei dem Gedanken daran läuft mir das Wasser im Mund zusammen.

Plötzlich rappelt es an meiner Tür. Versucht da etwa jemand die Wichteltür zu öffnen? Das ist nicht erlaubt, nur ich darf das. Menschen können mein Wichtelhaus sowieso nicht betreten. Erstens ist es viel zu klein und zweitens liegt natürlich ein Zauber darauf. Während ich noch wie gebannt auf meine Tür starre, höre ich Hannah kreischen: „Neeeein! Du darfst da nicht drangehen!“ Kaum hat sie den Satz ausgesprochen, schreit ein Baby. Ich verstehe, der kleine Leon ist wohl beim Herumkrabbeln auf meinen Hauseingang gestoßen. Hannah hat ihn nun geschnappt und am anderen Ende des Wohnzimmers wieder auf dem Boden abgesetzt. Das gefällt dem kleinen Leon nicht. Er brüllt aus Leibeskräften.

Kurze Zeit später höre ich erneut ein Geräusch, direkt vor meiner Tür. Diesmal flüstert Max: „Hallo Willi, hier ist eine Waffel für dich. Ich stelle sie vor deine Tür. Guten Appetit!" Oh, wie lieb von Max. Die Waffel werde ich mir bei nächster Gelegenheit schnappen. Doch nur kurze Zeit später höre ich Noah, den großen Bruder von Leon, wie er sich über den Teller mit der Waffel wundert: „Warum steht das Essen hier auf dem Boden?", fragt er, und schon stopft er die Waffel in seinen Mund.

Ich höre ihn bis hierher schmatzen und würde mich am liebsten lauthals beschweren. Aber das erledigt Max für mich. Er ist stinksauer und schimpft mit Noah. „Das war die letzte Waffel! Sie war für Willi!", ruft er wütend. „Welfer Willi?", fragt Noah mit vollem Mund und versteht gar nicht, was er falsch gemacht hat.

Tante Sonja eilt herbei und versucht Max zu beruhigen. Auch Hannah ist aufgebracht, weil die beiden Cousins den Wichtel stören und nun auch noch sein Essen klauen. Aber die Tante erklärt, dass Noah noch gar nichts über Wichtel weiß und noch nie eine Wichteltür gesehen hat. Und Leon sei noch so klein, er würde einfach alles anfassen, was er entdeckt. „Vielleicht erzählt ihr Noah mal etwas über euren Willi", schlägt sie nun vor. Das machen Max und Hannah gerne und ich lausche, wie sie von mir erzählen, von den Briefen und dem Schabernack, von dem Puzzle und den Socken im Tannenbaum. Und während ich zuhöre, schlafe ich ein und versinke in einen herrlichen Traum von einem meterhohen Turm aus Waffeln mit Kirschen, Sahne und Vanilleeis.

Die Frühstücksüberraschung

Ich bin gerade aus dem Weihnachtsdorf zurückgekommen. Dort haben wir heute viele Bücher in festliches Geschenkpapier verpackt. Ich liebe Geschichten und lese für mein Leben gerne. Daher habe ich beim Verpacken auch das ein oder andere Buch ein bisschen durchgeblättert. Es waren ganz tolle Geschichten dabei, die ich unbedingt nach Weihnachten lesen muss, wenn ich wieder mehr Zeit habe.

Nach getaner Arbeit haben wir Wichtel noch Schokoladenfondue gemacht. Kennt ihr das? Dabei handelt es sich um geschmolzene Schokolade, in die man Früchte und Kekse eintunken kann. Dafür haben wir im Weihnachtsdorf einen großen Schokoladenbrunnen, an dem flüssige Schokolade über mehrere Etagen nach unten läuft. Das ist genau das Richtige für Schokoladen-Schleckermäulchen, wie ich es bin. Himmlisch! Nach dem ganzen Essen bin ich nun voller Energie und kann noch gar nicht schlafen gehen. Ich habe daher beschlossen, schon einmal den Frühstückstisch für meine Familie zu decken.

Leise nehme ich Teller und Besteck aus dem Schrank und trage alles zum Esstisch. Auch wenn ich klein bin, bin ich sehr stark. Anschließend hole ich noch Tassen und Löffel, Butter, Marmelade, Käse, Wurst und vieles mehr. Beim Versuch, das Kakaopulver zum Tisch zu bringen, fällt mir die Packung um und das braune Pulver verteilt sich auf dem Fußboden. Schnell versuche ich den Kakao mit den Händen zusammenzuschieben und zurück in die Verpackung zu befördern. Aber das ist schwieriger als gedacht. Das feine Pulver kitzelt mir in der Nase und ich muss niesen. Hatschi! Jetzt bin ich selbst braun gepudert und das Pulver hat sich noch weiter auf dem Boden verteilt.

Ich gebe auf und klettere jetzt zum Schrank mit der Zuckerdose. Die benötigt Mama Melanie nämlich für den Kaffee. Während ich den Zucker zum Tisch trage, erschrecke ich. Ich habe überall braune Kakao-Fußspuren hinterlassen. Kurz ärgere ich mich, doch dann stelle ich fest, dass diese Spuren eigentlich ganz hübsch aussehen. Fast wie ein Kunstwerk. Ich beschließe noch etwas Zucker darüberzustreuen. Nun sieht es ganz besonders schön aus, finde ich.

Ich steige hinauf auf die Arbeitsplatte und verschaffe mir einen Überblick. Fehlt noch etwas? Ich schaue in den Kühlschrank und finde den Rest der Schlagsahne vom Waffelessen. In einer hübschen Schüssel ist noch etwas von dem süßen, fluffigen Schnee übrig. Für Menschen ist es nur ein kleiner Rest, aber ich kleiner Wichtel könnte in der Sahne baden. Als mir dieser Gedanke kommt, springe ich über den Rand der Schüssel und tauche unter. Hm ..., lecker! So schnell ich kann, schlecke ich die Sahne auf.

Alles schaffe ich nicht und ich merke bald, dass es keine gute Idee war, nach dem Schokoladenfondue noch ein Sahnebad zu nehmen. Ich tapse hinaus aus dem Kühlschrank und hinterlasse nun auch noch eine Sahnespur mit meinen Wichtelfüßen. Da das Laufen mit Sahnefüßen gar nicht so einfach ist, komme ich auf der glatten Arbeitsplatte ins Rutschen. Ich schlittere gegen die Milchpackung, die gefährlich ins Schwanken gerät. Ich kann sie gerade noch aufhalten, bevor sie endgültig kippt und stelle sie vorsichtig wieder auf. Nichts wie weg hier, bevor noch mehr schief geht.

Plötzlich holt mich die Müdigkeit ein und ich fühle mich völlig erschöpft. Mir ist schlecht und mein kugelrunder Bauch tut weh. Ich habe viel zu viele süße Sachen gefuttert und muss sofort in mein Bett. Aber vorher schreibe ich noch kurz einen Brief an Hannah und Max. Ich möchte sie bitten, mir einen Tee zu machen und vor die Wichteltür zu stellen. Ein warmer Kamillentee würde meinem Bauch bestimmt guttun. Bis dahin werde ich mir meine Wärmflasche schnappen und ein Nickerchen machen. Gute Nacht!

Minka ist verschwunden

Heute ist die Stimmung bei Familie Lustig gar nicht gut. Wie ich höre, ist Minka verschwunden. Und das ausgerechnet so kurz vor Weihnachten. Hannah und Max haben beschlossen, Plakate zu drucken und in der Umgebung aufzuhängen. Sie sind gerade dabei, alle wichtigen Informationen über Minka zusammenzutragen. Ein Foto soll auch mit aufs Plakat und die Handynummern von Papa Holger und Mama Melanie. Der große Zettel wird noch zwanzig Mal kopiert und die Kinder packen ausreichend Klebeband ein. Jetzt kann es losgehen. Hoffentlich können sie Minka finden.

Am Nachmittag gibt es immer noch keine Reaktion auf die Plakate. Niemand hat bisher angerufen oder die Katze nach Hause gebracht. Max ist traurig: „Ich habe gar keine Lust ohne Minka Weihnachten zu feiern“, jammert er. „Ihr wisst doch, wie gerne sie mit den Geschenkbändern spielt und sich unter dem ganzen Papier versteckt.“ Mama Melanie tröstet ihren Sohn und vermutet, dass sich Minka gerade deshalb das Weihnachtsfest nicht entgehen lassen wird. „Wie wäre es mit einem Abendspaziergang?“, schlägt sie den Kindern vor. „Dann können wir auch noch einmal nach Minka Ausschau halten.

Das lassen sich Hannah und Max nicht zweimal sagen. Sie ziehen sich ihre Winterjacken, Mützen und Handschuhe an und verlassen die Wohnung. Kaum sind sie draußen, höre ich sie nach ihrer Katze rufen. Ich muss dringend etwas unternehmen. Ich kann gar nicht mit ansehen, wie traurig alle sind. Als Wichtel der Familie kann ich nicht tatenlos hier herumsitzen. Ich muss selbst nach Minka suchen. Ich schaue mich in meinem Kühlschrank um und erblicke Wurst und Käse. Damit könnte ich Minka sicher anlocken. Ich mache meine Taschen voll und laufe hinaus in die Dunkelheit.

Aufmerksam schleiche ich durch die Gärten der Nachbarschaft und schaue hinter jeden Baum und unter jeden Strauch. Plötzlich höre ich etwas. „Pst!“ Ich schaue mich um. Da ist es wieder „Pst!“ Plötzlich steht mir jemand gegenüber. Ich blicke direkt in die Augen einer Wichteline. Na, so was. „Wer bist du?“, frage ich neugierig. Mathilda ist eine Gartenwichteline. Sie erzählt mir, dass sie das ganze Jahr über in diesem Garten bei einer netten Familie lebt. Ich verrate ihr, dass ich ein paar Häuser weiter, bei Familie Lustig wohne, aber nur noch ein paar Tage bleibe. Ich bin schließlich ein Weihnachtswichtel und lebe im Wichtelwald. Ich komme nur in der Vorweihnachtszeit in die Menschenwelt.

Mathilda staunt und freut sich über die Wichtelgesellschaft. Eigentlich könnten wir jetzt einen heißen Kakao zusammen trinken und etwas plaudern, aber ich habe etwas Wichtiges zu tun. Ich erkläre meiner neuen Wichtelfreundin, warum ich hier unterwegs bin, und sie bietet mir sofort ihre Hilfe an. „Ich kann mich umhören", sagt sie nun. „Es gibt einen großen Kater, gleich nebenan. Ich kenne ihn gut. Wenn jemand etwas weiß, dann er."

Ich schleiche mit Mathilda durchs Gebüsch und wir klettern durch ein Loch im Zaun in den Nachbargarten. Ich staune nicht schlecht. Der Garten ist riesig und wunderschön beleuchtet. In der Mitte gibt es einen großen Tannenbaum mit vielen kleinen Lichtern. Vielleicht ist Minka dort hinaufgeklettert und kommt nicht mehr runter? Andächtig stehe ich vor dem wunderschönen Baum und schaue nach oben. Plötzlich stupst mich von hinten etwas an. Ich drehe mich um und erschrecke fürchterlich. Da steht ein großer schwarzer Kater, der mich mit funkelnden gelben Augen anstarrt. Ich mache einen Satz nach hinten, doch der Kater ist direkt wieder bei mir. Wo ist Mathilda? „Hilfe!", rufe ich. Aber die Wichteline ist bereits weitergelaufen und scheint mich nicht zu hören. Da fällt mir das Essen ein, das ich eigentlich für Minka mitgebracht habe. Da mir der Kater nicht ganz geheuer ist, werfe ich ihm die Wurst- und Käsewürfel vor die Füße und laufe so schnell ich kann los.

Eine abenteuerliche Suchaktion

Als ich vor dem gruseligen Kater davonlaufe, pralle ich schon nach ein paar Schritten mit Mathilda zusammen. Sie hat bemerkt, dass ich nicht mehr hinter ihr war und sucht nach mir. „Wo steckst du denn?“, fragt sie. Dann lacht sie und behauptet: „Weihnachtswichtel können wohl nicht so schnell laufen wie wir Gartenwichtel.“ Und schon flitzt sie weiter und klettert einen Zaun hoch. Ich muss zugeben, dass ich ganz schön beeindruckt bin. Mathilda ist wirklich eine starke und mutige Wichteline.

Während ich noch überlege, ob ich es ebenfalls schaffe, den Zaun hinaufzusteigen, scheint Mathilda hinter mir entdeckt zu haben, wonach sie sucht. Ich schaue mich um und blicke erneut in das riesige Gesicht des schwarzen Katers. „Kasimir, da bist du ja!“, freut sich Mathilda und klettert wieder zu uns hinab. Ist das etwa der Katzenfreund, den wir suchen? Für mich sieht dieser Kater nicht wie jemand aus, der uns helfen wird. Doch das große schwarze Tier blickt jetzt ganz freundlich und stupst Mathilda liebevoll an. Ich entspanne mich ein wenig. Mathilda erklärt Kasimir, dass wir auf der Suche nach Minka sind und dringend Hilfe brauchen. Ich frage mich, warum sie sich die Mühe macht, denn der Kater wird sie ohnehin nicht verstehen. Doch dann maunzt Kasimir Mathilda etwas zu und sie weist mich an, auf Kasimir aufzusteigen. Ich kann gar nicht so schnell gucken, wie die Wichteline auf Kasimirs Rücken sitzt. Sie reicht mir die Hand und zieht mich hoch. „Kannst du mit Katzen sprechen?“, frage ich erstaunt. „Natürlich“, erwidert meine Wichtelfreundin. „Ich kann mit allen Tieren hier in den Gärten sprechen.“

Kasimir spurtet los und bei einem Sprung über ein Blumenbeet, rutsche ich fast von seinem Rücken. Mathilda krallt sich an Kasimirs Fell fest und reitet, als würde sie nie etwas anderes machen. Ich bin völlig durchgerüttelt, als der Kater plötzlich eine Vollbremsung macht. Wir stehen vor einem hölzernen Gartenhaus. Aus dem Inneren höre ich ein klägliches Miauen. Minka! Die Katze ist in diesem Gartenhaus eingesperrt. Sicher ist sie unbemerkt hineingeschlichen und der Besitzer des Häuschens hat sie dann versehentlich dort eingeschlossen. „Das ist Minka!“, rufe ich erfreut. „Aber wie bekommen wir sie da raus?“

Plötzlich wird mir bewusst, dass es schon hell geworden ist. Ich war den ganzen Abend und die ganze Nacht unterwegs. Wie gut, dass ich nicht zum Arbeiten im Wichteldorf eingeteilt war. Ich muss schnell zurück nach Hause, damit ich ungesehen zu meiner Wichteltür gelange. Mathilda bemerkt, dass ich hin und hergerissen bin und versteht sofort: „Geh du nach Hause, Willi. Wir kümmern uns um alles." Ich bedanke mich bei Kasimir und Mathilda und hoffe sehr, dass wir uns wiedersehen. Dann flitze ich nach Hause. Ich höre noch, wie Kasimir zu einem lautstarken Katzengejaule ansetzt, um den Besitzer des Gartenhauses auf sich aufmerksam zu machen. Nun weiß ich, dass alles wieder gut wird. Mathilda und Kasimir werden Minka befreien. Es geht doch nichts über gute Freunde!

Nur kurze Zeit später klingelt es an der Tür. Familie Lustig sitzt noch beim Frühstück. Als Melanie öffnet, höre ich einen Nachbarn mit ihr sprechen. „Ist das nicht Minka?", fragt er. „Ich habe die Suchplakate gesehen. Sie hat sich in mein Gartenhaus geschlichen." Dann kann ich nichts mehr verstehen, denn die weiteren Worte gehen im Freudengeschrei der Kinder unter. Kasimir und Mathilda haben es also geschafft. Minka ist zu Hause, Weihnachten kann kommen. Vorher muss ich mich allerdings noch etwas von meinem nächtlichen Abenteuer erholen. Ich setze mich ans Feuer in meinen gemütlichen Sessel, als ich vor meiner Wichteltür ein zaghaftes Maunzen höre. Ich glaube, Minka bedankt sich bei mir. Auch sie ist erschöpft und rollt sich vor meiner Tür zusammen. Ich flüstere noch kurz: „Gern geschehen, Minka", und wir fallen beide in einen tiefen Schlaf.

MINKA

Ein fabelhafter Heiligabend

Heute ist es endlich so weit. Es ist Heiligabend und es liegt dieser ganz besondere Weihnachtszauber in der Luft. Es duftet nach Kuchen und Plätzchen und die Kinder sind voller Vorfreude auf den Tag. Im Weihnachtsdorf sind sämtliche Arbeiten erledigt und auch wir Wichtel haben schon alles für ein rauschendes Weihnachtsfest vorbereitet. Ich bin glücklich und dankbar, dass ich so eine wunderbare Zeit hier bei meiner Familie erleben durfte. Doch gleichzeitig bin ich fast genauso aufgeregt wie Hannah und Max.

Um die Kinder vom Warten auf den Heiligen Abend abzulenken, spielen die Lustigs gemeinsam ein Gesellschaftsspiel. Das funktioniert gut. Es ist ein Spiel, bei dem Begriffe erklärt, gemalt oder pantomimisch dargestellt werden. Die ganze Familie hat einen Riesenspaß und es gibt viel zu lachen. Doch nach einer Weile beginnen die Kinder ungeduldig zu werden und fragen nach, wann Oma und Opa endlich kommen. Schließlich klingelt es an der Tür und Max springt sofort auf. Hannah packt in Windeseile das Spiel weg. Jetzt kann es losgehen.

Papa Holger deckt den Tisch und Mama Melanie bringt den leckeren Kuchen und die Plätzchen. Hannah darf Kerzen anzünden und Max macht Weihnachtsmusik an. Jetzt ist es richtig festlich und gemütlich und alle nehmen am Esstisch Platz. Es wird erzählt, gegessen und getrunken und dann liest Oma Gertrud noch eine wunderbare Weihnachtsgeschichte vor.

Draußen dämmert es bereits und so langsam räumt die Familie den Tisch wieder ab. Während die Erwachsenen mit dem Aufräumen beschäftigt sind, laufen Hannah, Max und Opa ins Kinderzimmer und spielen Memory. Plötzlich ertönt ein leises Glockenläuten und schon fliegt Hannahs Zimmertür auf. Die beiden Kinder kommen mit Opa im Schlepptau hinausgestürmt. Auch die anderen Erwachsenen kommen aus der Küche herbeigeeilt. „Langsam!“, mahnt Mama Melanie und Papa Holger zündet die Wunderkerzen an, die er am Nachmittag in den Tannenbaum gehängt hat. „Wooooow”, staunt Max, „schau dir das mal an, Hannah.”

Ich weiß natürlich ganz genau, was die Kinder so zum Staunen bringt. Während alle beschäftigt waren, hat das Christkind die Geschenke gebracht. Ich habe ihm selbstverständlich dabei geholfen, alle Päckchen unter dem Tannenbaum zu verteilen. „Oh!“, höre ich nun auch die anderen. Sie betrachten andächtig den funkelnden Weihnachtsbaum. Oma Gertrud ist begeistert und sie stimmt ein Lied an, bei dem alle mitsingen können: „Oh Tannenbaum, oh Tannenbaum, wie grün sind deine Blätter ...“

Ich könnte nicht glücklicher sein als in diesem Moment. Mein erster Einsatz als Weihnachtswichtel war ein voller Erfolg. Zumindest denke ich das. Als es ans Auspacken der Geschenke geht, klopft es plötzlich sachte an meine Tür. Hannah und Max knien davor: „Lieber Willi, wir haben natürlich auch ein Geschenk für dich. Hoffentlich gefällt es dir. Wir haben es selbst gebastelt.“

Dann widmen sich die Kinder wieder ihrem neuen Spielzeug, denn sie wissen natürlich ganz genau, dass ich jetzt nicht herauskomme. Ich werde ungeduldig warten, bis alle im Bett liegen und dann schauen, was die beiden mir hingelegt haben.

Im Wohnzimmer höre ich schon wieder das Geschirr klappern. Oma hat einen Gänsebraten mitgebracht, der gerade zusammen mit den Kroketten im Backofen erwärmt wird. Melanie hat bereits gestern Rotkohl zubereitet. Hmm ... wie das duftet. Eigentlich würde ich später in der Küche die Reste von den Tellern schlecken, aber im Weihnachtsdorf wird es auch all die Leckereien geben, die ein Wichtelherz begehrt. Ich muss nur ein wenig Geduld haben.

Nach dem Essen wird noch einmal gespielt. Diesmal ein lustiges Kartenspiel mit Oma und Opa. Und dann ist es auch schon Zeit, ins Bett zu gehen. Hannah und Max werden zum Zähneputzen geschickt und die Erwachsenen sitzen noch kurz zusammen. Bevor Max schlafen geht, flüstert er mir noch kurz etwas zu: „Willi, wir wissen, dass du bald wieder ausziehst und zurück nach Hause gehst. Versprichst du uns bitte, dass du nächstes Jahr wieder zu uns kommst?“ Ich nicke heftig mit dem Kopf und bin ganz gerührt. Natürlich werde ich wiederkommen, denke ich. Ich freue mich jetzt schon darauf.

Der letzte Wichtelbrief

Der Tag des Abschieds ist gekommen. Ich sitze hier an meinem Tisch mit einem lachenden und einem weinenden Auge. Lachend, weil es eine wunderschöne Zeit hier bei Familie Lustig war. Ich habe mich wirklich pudelwohl gefühlt. Und weinend, weil mir beim Aufräumen ein Karton auf den Fuß gefallen ist. Mein dicker Zeh ist jetzt noch dicker und tut mir immer noch ein bisschen weh. Ich habe stundenlang gepackt und geputzt und jetzt ist mein Wichtelheim hier blitzeblank. Die Umzugskisten und Koffer sind gestapelt, das Bett ist abgezogen, der Kamin gesäubert. Meine Arbeit hier bei Familie Lustig ist getan.

Auch wenn mich das alles etwas traurig stimmt, möchte ich heute einfach nur glücklich sein. Und das sollen Max und Hannah auch. Deshalb schreibe ich einen witzigen Abschiedsbrief und erinnere die beiden noch mal an die schöne Vorweihnachtszeit und an all die gemeinsamen Erlebnisse mit mir. Ich möchte, dass die Kinder lachen und sich auf das nächste Jahr freuen. Es wäre auch langweilig, wenn ich immer hier wäre. Viel spannender ist es doch, wenn Max und Hannah im nächsten Jahr wieder voller Vorfreude einen Wichtelrufer aufstellen und mich mit diesem warmen Licht in ihr Zuhause einladen. Ich werde auf jeden Fall bereit sein.

Und während ich weg bin, werde ich so viel lernen, dass ich im nächsten Jahr noch viel mehr Schabernack treiben kann. Auch Zaubersprüche möchte ich in der Wichtelschule üben. Dann kann ich Hannah im nächsten Jahr vielleicht einen Schneemann ins Zimmer zaubern, der nicht schmilzt. Oder ich kann Minka zurück zaubern, wenn sie mal wieder ausbüxt. Aber denkt nicht, dass ich die nächsten Monate nur lernen werde. Oh nein, ich habe große Pläne. Zuerst möchte ich mich im Wichtelwald mit all meinen Freunden ein wenig ausruhen und das ein oder andere Wichtelabenteuer erleben. Dann werde ich Urlaub machen. Ich könnte irgendwo in der Sonne liegen und statt eines heißen Kakaos eine kalte Limonade trinken. Ob mir das wohl gefallen würde? Ich habe in meiner Zeit bei Familie Lustig außerdem von Festen erfahren, die ich mir gerne einmal anschauen möchte. Zum Beispiel Halloween oder Ostern. Besonders dieser Osterhase interessiert mich sehr. Den würde ich gerne kennenlernen.

W

Aber nun genug von meinen Plänen. Ich habe meinen Abschiedsbrief fertig geschrieben und lege ihn vor meine Tür. Jetzt packe ich zusammen und verschwinde leise. Ach so, fast hätte ich es vergessen, ich habe noch ein kleines Abschiedsgeschenk für Hannah und Max. In der Wichtelwerkstatt habe ich für jeden einen kleinen Glücksbringer gebastelt. Hannah bekommt ein Pferd und Max einen Dinosaurier. Die Figuren stelle ich noch schnell zum Brief dazu und dann muss ich mich auch schon sputen. Ich kann nämlich hören, dass meine Lieblingsfamilie gerade erwacht.

„Max!", ruft Hannah aufgeregt. Willi ist ausgezogen. Max kommt angerannt und schaut auf die leere Wand. Willis Tür ist nicht mehr da. Doch bevor die beiden Kinder traurig werden, entdecken sie die schönen Figuren und den Brief. Mama Melanie kommt dazu. „Das ist aber ein langer Abschiedsbrief", sagt sie und beginnt vorzulesen. Auch Holger hört nun zu und die ganze Familie hat ein breites Lächeln im Gesicht, als sie alle gemeinsam den Erinnerungen an die Zeit mit Willi lauschen. Mit strahlenden Augen halten Max und Hannah den Dino und das Pferdchen in der Hand. „Ich stelle das Pferd in meinem Zimmer auf die Fensterbank, damit ich es immer sehen kann und an Willi denke", beschließt Hannah und läuft ins Kinderzimmer. Max findet die Idee prima und flitzt mit seinem Dino hinterher. Mama Melanie und Papa Holger schauen sich an. Sie sind sich einig, dass es eine wundervolle Zeit mit Wichtel Willi war.

1. Auflage September 2023

ISBN: 978-3-910350-06-9

Illustrationen: Yana Kozak

FUCHSIA VERLAG

Kontakt:

Verena Matzke, Käthe-Kollwitz-Str. 38, 50181 Bedburg

Krueawan Srimawong, Brunnenstraße 57, 50181 Bedburg

Printed in Poland
by Amazon Fulfillment
Poland Sp. z o.o., Wrocław

29856218R00072